ひと目で分かる

孫子の兵法

ジェシカ・ヘギー

THE ART of WAR
VISUALIZED

Jessica Hagy

Discover

THE ART of WAR
VISUALIZED
by Jessica Hagy

Copyright © 2015 by Jessica Hagy
Illustrations copyright © 2015 by Jessica Hagy

Japanese translation rights arranged with Workman Publishing Company, Inc.
through Japan UNI Agency, Inc.

カルビンに捧ぐ
FOR CALVIN

至高の目的だけに向かって、思慮深く戦えますように。
Here's to fighting thoughtfully for only the best of causes.

contents

序　メタファーを視覚化せよ　9

1　始計篇　戦略を視覚化する　13

2　作戦篇　アプローチを視覚化する　27

3　謀攻篇　視野を視覚化する　39

4　軍形篇　長所を視覚化する　51

5　勢篇　自分の手札を視覚化する　63

6　虚実篇　チャンスを視覚化する　75

7　軍争篇　物語を視覚化する　97

8　九変篇　選択肢を視覚化する　119

9　行軍篇　環境を視覚化する　131

10　地形篇　作戦計画を視覚化する　159

11　九地篇　結果を視覚化する　183

12　火攻篇　火のつけどころを視覚化する　225

13　用間篇　真実を視覚化する　237

序

メタファーを視覚化せよ
Visualize Your Metaphor

『兵法』は、およそ二千五百年前の中国の将軍、孫武（孫子）が残したといわれる古典である。軍事分野の必読書であるだけでなく、ビジネスや政治、経営、マーケティング、さらにはスポーツの指南書としても親しまれている。『兵法』は簡潔であり、経典のようなリズムと神秘的な雰囲気を持った文体で書かれている。その古さと荘厳さから、まさに伝説として語り継がれている。

　絵で語ることを生業としている私が初めて『兵法』を読んだとき、その文章が、そこには描かれていない図につけられたキャプションのように見えた。そして、二千五百年分の埃をかぶった世界中で知られる古典に、図やグラフを添えて新たな現代的・視覚的イメージを与え、人々が「争い」について考える新たな道を作り出すという試みに、抗いがたい魅力を覚えるようになった。

　この作業を始めた当初はかなりの困難を覚えたものだが、二章も半ばに差しかかる頃、孫子の思想が、彼の伝説を聞いて抱いた人物像とは違い、血みどろで野蛮なものではないと気づかされることになった。むしろ、彼の説く道理に深く共感し、好意さえ抱くようになった。

　望むままにページからページへ飛び回り、気に入ったところで手を止めてみてほしい。結局のところ、本書の中で一番大事な一節というのは、それぞれが自身の経験を最もよく反映するイメージを描けた部分なのである。

　『兵法』が多くの人に読まれるようになったのは、孫子の見識が大小問わず、あらゆる「争い」に通用するからだろう。『兵法』のいう戦争とは、人生におけるさまざまな「争い」の比喩にすぎない。彼の提言が生徒会長に立候補した十歳の子供にも軍隊の将軍にも等しく有効であるのは、戦争という行為になぞらえつつも、実は問題解決に主眼を置いた、メタファーのメタファーだからなのである。

　私たちは誰もが何かのために争っている。そして幸いなことに、孫子がそれに勝つための心構えを教えてくれている。

始計 篇

戦略を視覚化する
Visualize Your Strategy

1

孫武先生は言った。
兵法は国の大事である。
人の生き死に、国の存亡がかかっている。
知らずにいていいものではない。

兵法には五つの基本的な要素がある。これをもとに彼我の力量を比較する。
五つの要素とはすなわち、
　一. リーダーの精神的影響力（道）
　二. 天気や自然条件（天）
　三. 地政学的な条件（地）
　四. 専門家の能力（将）
　五. 規律や兵站（法）　　である。

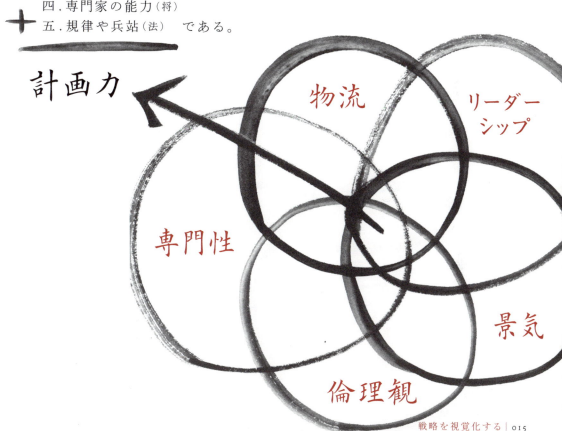

「道」とは人々の心を指導者と一体にさせる政治の在り方である。
これがあるからこそ、人々は危険を恐れず、
命を投げうってでも指導者についていく。

「天」とは昼と夜、暑さや寒さ、季節や時期といった自然の条件である。

「地」とは距離、道の険しさや平坦さ、広さや狭さ、
その他軍の生死に関わる地勢的条件である。

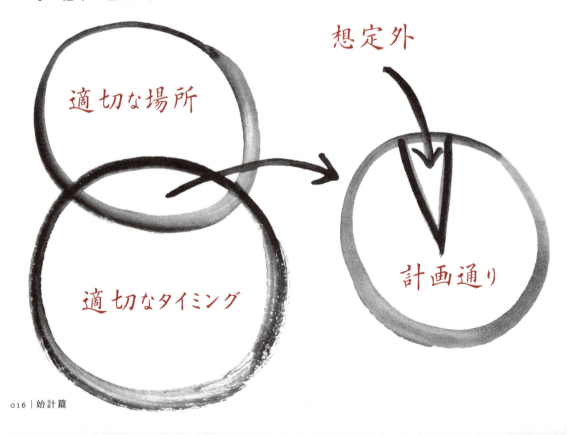

「将」とは知識・能力、誠実さ、部下への仁愛、勇気、厳格さという将軍の素質のことである。

「法」とは組織の体系、上司・部下の規律、兵站や支出管理のことである。

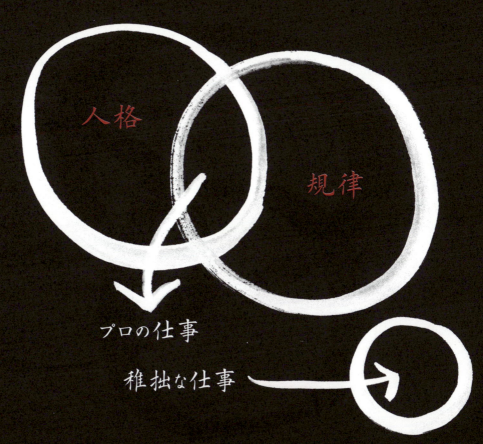

どのような将軍でもこの五つの基本を知っているはずだ。
これを体得している者は勝ち、していない者は敗れる。
そのうえで、彼我の戦力差を比べるときには、
次のものを基準にするべきである。

行動を起こす前に

比較

計算

対比

指導者は、どちらがより適切なリーダーシップを発揮しているか？

将軍は、どちらがより有能か？
どちらの国が天の時、地の利を得ているか？

どちらの将軍が法や規範を厳しく遵守しているか？
どちらの兵士が強健か？
どちらがより訓練されているか？

賞罰はどちらがより公正か？

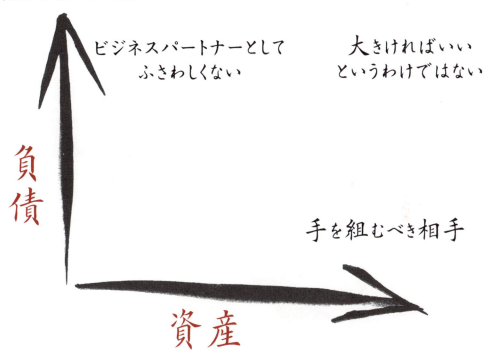

この七点を比較することで、私は勝ち負けを予測することができる。

私の言説を理解し、それに従って動く将軍は、必ず勝つ。その人物を起用せよ。

私の言説を理解せず、従いもしない将軍は、必ず負ける。その人物を罷免せよ。

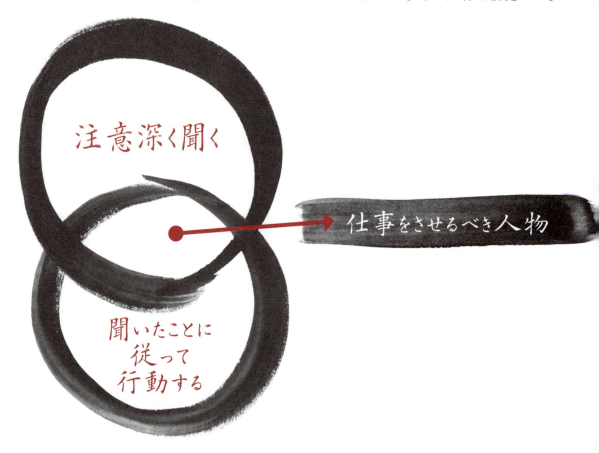

私の戦争論によって利益を得るとともに、この原則以外にも利用できる環境があれば利用するべきである。

態勢が有利になるよう、状況に応じて計画を変更していくべきだ。

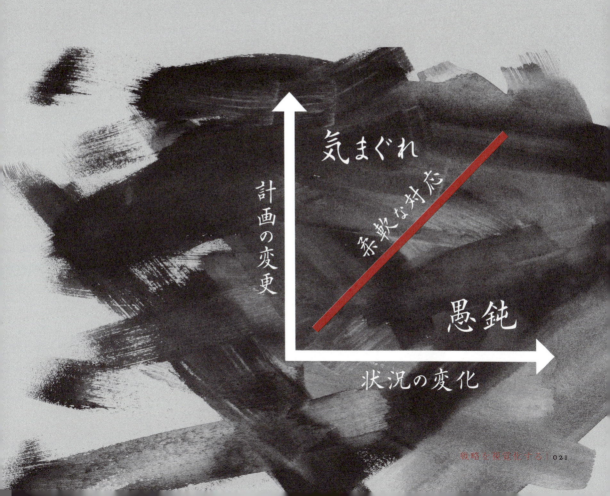

全ての戦争は騙しあいである。

実力があるときはないと見せかけなければならない。
行動を起こすときは、動いていないように見せかけなければならない。
敵の近くにいるときは、自軍が遠くにいると見せかけなければならない。
敵から離れているときは、自軍が近くにいると見せかけなければならない。

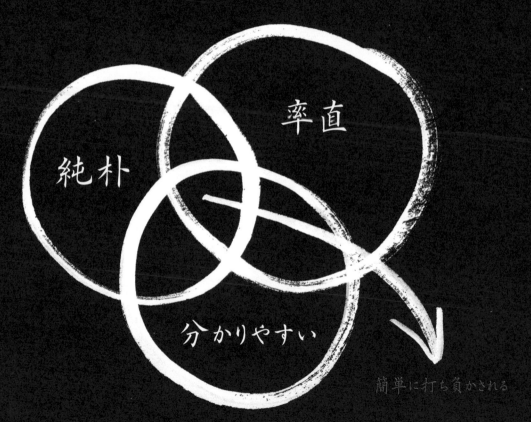

餌を与えて敵をおびき出せ。

混乱しているふりをして叩き潰せ。

敵が戦力を充実させているときは、
戦いに備えよ。
敵の方が強ければ、対決は避けよ。

敵が苛立っているなら、怒らせよ。

弱いふりをして敵を油断させよ。

敵が休息しているなら、
休みを与えるな。
敵が結束しているなら、
分裂させよ。

敵が予想していない場所を、
予想していないときに攻めよ。

勝利をつかむために
必要な策を、
事前に知られてはならない。

勝つ将軍は戦う前から多くの計算をしている。

負ける将軍は戦う前にあまり計算をしていない。

多くの計算をする者が勝ち、計算の足りない者が負ける。
全く計算しない者は言うまでもないだろう！

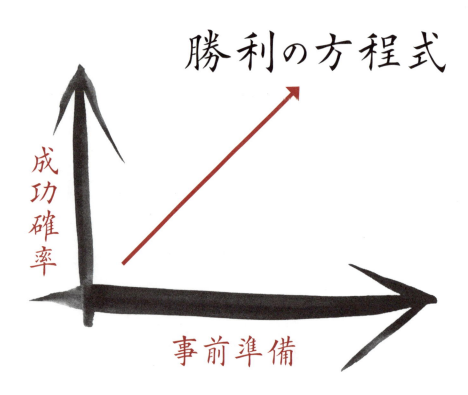

私はこうした基準で見ることによって、
戦いの勝者と敗者を予測することができるのだ。

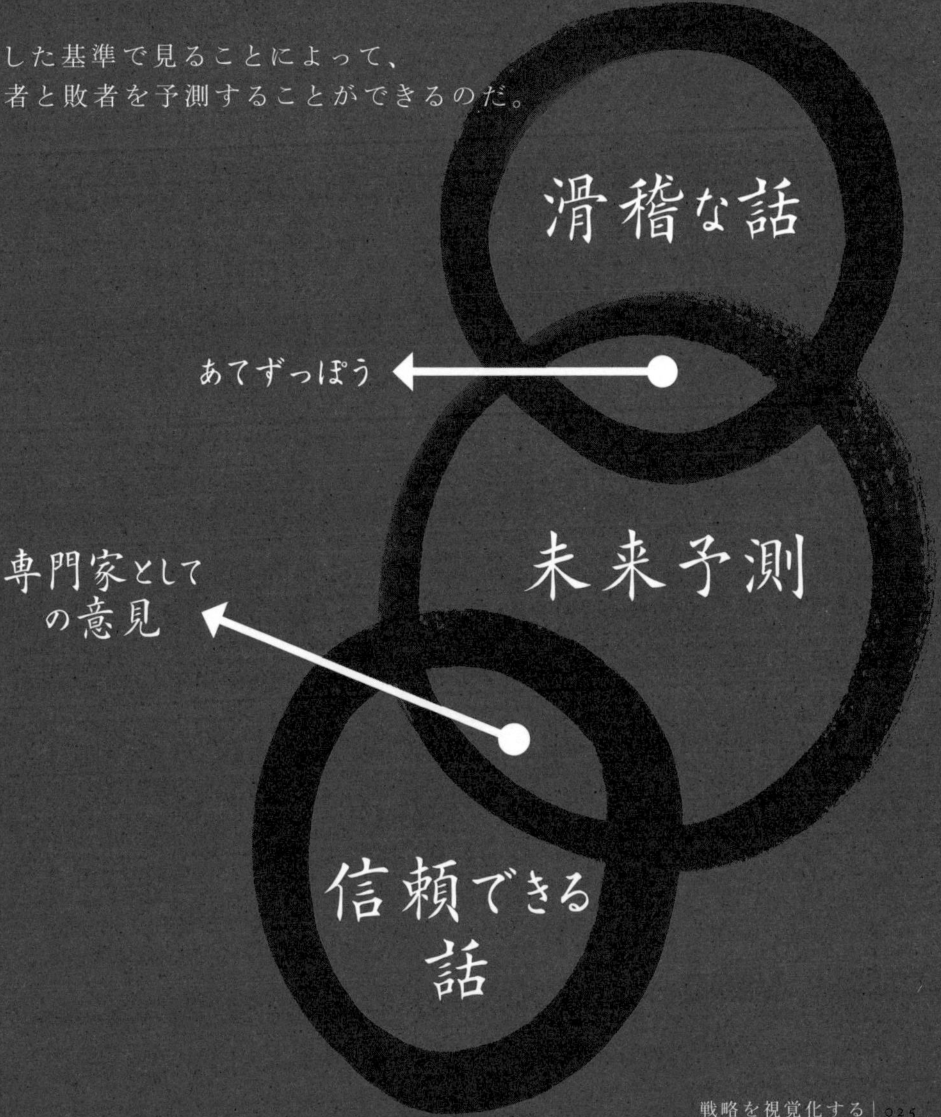

滑稽な話

あてずっぽう ←

未来予測

専門家として
の意見 ←

信頼できる話

作戦 篇

アプローチを視覚化する

Visualize Your Approach

孫武先生は言った。

戦争には馬四頭立ての戦車が千両と鎧兜を着けた十万の兵士が必要となる。さらにそれを千里の彼方へ輸送する費用、国内と戦場の両方で必要となる経費、外交的な接待の資金、補修に使うにかわや漆の調達費、戦車や鎧の資材費もかかり、合計すれば一日に千金にも及ぶであろう。

それを調達してようやく、十万の軍が動員できる。

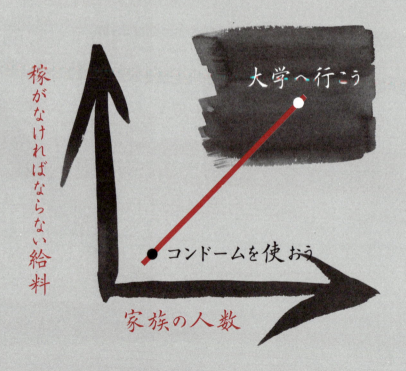

実際に戦争が起こり、長期化してしまうと、
武器は損耗し、兵士の士気もくじける。

城を攻める頃には力が尽き果ててしまうことだろう。

長期にわたって軍隊を動かせば、いかなる国も出費に耐えられない。

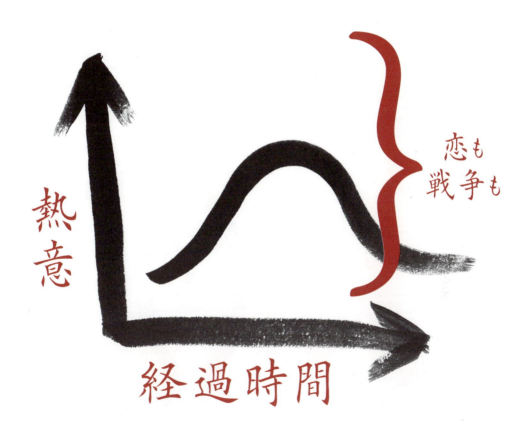

武器が鈍り、士気がくじけ、国力が衰え、国庫も空になれば、
その苦境に乗じて周辺の諸侯が動き出す。

そうなれば、どれほど賢い人物であっても
必然の結果を避けることはできないだろう。

戦争の終結を急ぎすぎる場合もあるとは聞くが、
戦争の長期化が良い結果になることは
決してない。

武力戦を長期化させて国益になったためしはない。
戦争の害悪をよく理解している人物だけが、戦争をすることの
利を理解することができるのである。

良い将軍は、二度の徴兵を行わず、物資の補給も三度は行わない。
武装は自国で調達し、食料は現地で徴発せよ。
そうすれば、軍が食に事欠くことはない。

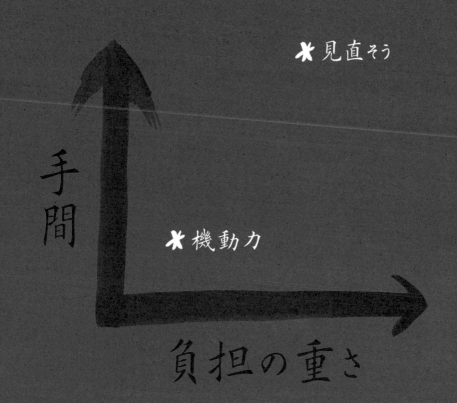

国家が武力戦によって窮乏するのは、遠方に物資補給をするからである。
遠くの軍隊を維持しようとすれば、国民は疲弊する。

軍隊がいる地域では、周辺の物価が高騰する。
高い物価は人々の蓄えを枯渇させる。

人々の蓄えがなくなれば、重い軍役でさらに苦しむことになる。

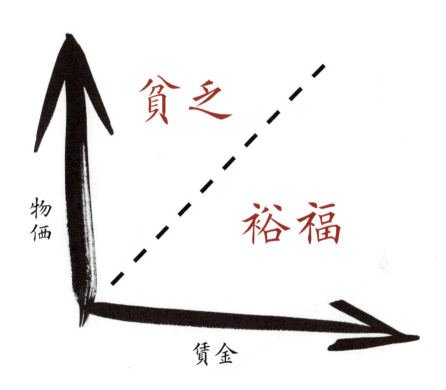

そうして人々の蓄えと力が失われれば、家の中には何もなくなり、経済力の十分の七が失われることだろう。

国家財政も戦車の破損、軍馬の消耗、甲冑や兜、弓矢、槍、盾、運搬用の牛や輜重車の修理や補充によって収入の六割が消えていくことだろう。

賢い将軍ならば敵地で食糧調達することを考える。

敵地で調達する一升の食料は自国で調達する二十升の食糧に当たり、
敵地で調達する一斤の飼料は自国で調達する二十斤の飼料に当たる。

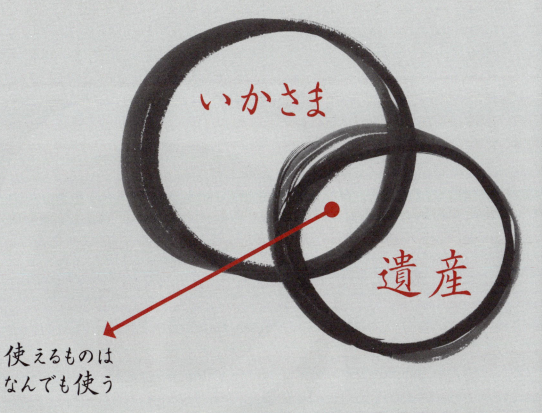

敵を殺すには兵士が怒りに満ちていなければならない。
また、敵を倒すことで利益がもたらされるよう、
報酬を与えなければならない。

敵の戦車を鹵獲（ろかく）したのなら、まず鹵獲した兵士たちに
ほうびを与えるべきである。

それから敵の戦車の旗を自軍のものに取り替え、再利用するべきだ。

捕虜にした敵兵は丁重に扱うべきである。

それが敵に勝利し、味方を強化する方策である。

戦争は勝って目的を達成することが大事であり、長期化させてはならない。
戦争を理解している将軍こそ、国民の運命を司り、
国家の安全を担う者だと言える。

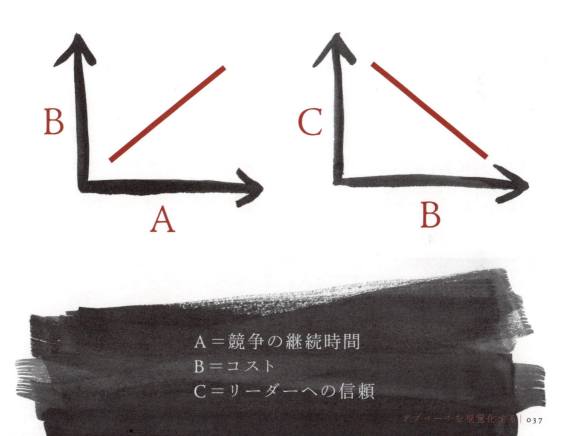

A＝競争の継続時間
B＝コスト
C＝リーダーへの信頼

謀攻 篇

視野を視覚化する
Visualize Your Angle

3

孫武先生は言った。

戦争における最高の勝利とは、戦わずに敵の国をまるごと併合することである。戦って相手を打ち倒すことは次善策でしかない。

同じように、敵の軍隊や大隊、中隊、小隊をまるごと無傷で自分のものにすることは、それと戦って壊滅させるよりも価値がある。

したがって、百戦百勝は最善ではない。
戦うことなく敵を屈服させるのが最善である。

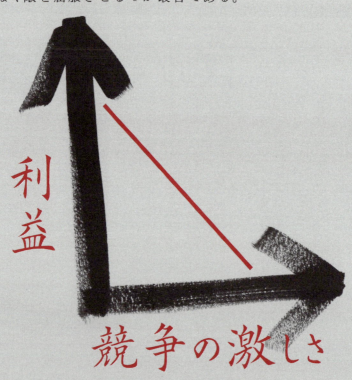

つまり、戦争の指揮にあたって一番良い方針は、敵の侵攻計画を事前に潰すことである。その次に良い方針は敵の同盟関係を分断することである。その次に良い方針は敵軍を攻めることである。
最悪の方針は、敵が立てこもっている城塞を攻めることである。

城塞への攻撃は、やむを得ない場合以外避けるべきだ。

なぜなら、城塞を攻めようとすれば、攻城兵器や資材の準備だけで三か月がかかり、そして攻撃の拠点となる土塁を作るには、さらに三か月はかかるからだ。

もし将軍が我慢しきれず、アリの群れ同然の総攻撃を仕掛けさせたならば、兵士の三分の一が戦死し、そのうえ城塞は落とせないだろう。

それこそが攻城戦の害である。

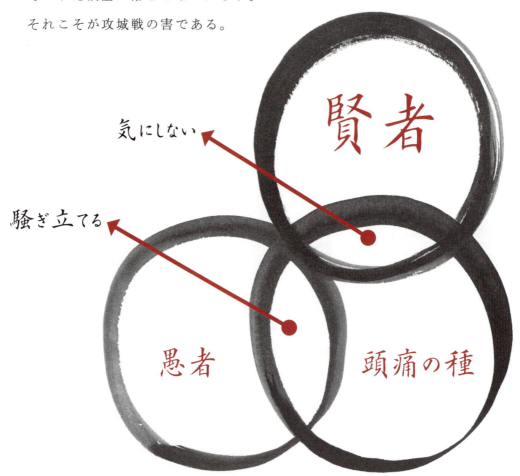

したがって、賢い将軍とは敵の軍を戦わずに屈服させ、
敵の城塞を攻めずに落とし、戦いにおいても長期戦にすることなく
敵国を打ち破れる者のことである。

敵を傷つけることなく自分のものにして天下を争い、
兵士を失わずに自国の利益を保全する。

それが謀略戦というものである。

軍事戦略の基本原則として、自軍の戦力が敵の十倍であれば、包囲せよ。
五倍であれば、攻撃せよ。
二倍であれば、敵を分断してから撃破せよ。

対等であれば、全力で戦え。自軍が劣勢であるなら、正面衝突は避けよ。
勝ち目がないほどの差があるなら、距離を取れ。

小勢で無理に戦いを仕掛けても、
結局は大群の餌食になるだけである。

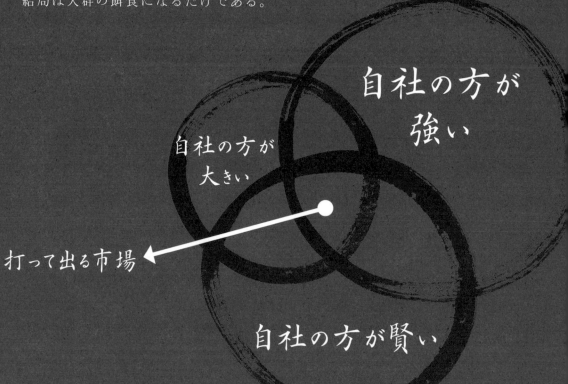

将軍は国家の砦のようなものである。

砦が万全であれば国家は強くなり、
防壁にすき間があれば国家は弱くなる。

チームメンバーに
支持される

リーダーシップを
発揮する

次の三つのことをする国の指導者は、
自軍に悲惨な運命をもたらす。

一．状況を理解せず、
　　自軍が進軍できない局面で
　　進軍を命じ、
　　自軍が退却できない局面で
　　退却を命じること。
これは、軍隊を
束縛することになる。

二．軍の内情を知らずに、
　　国家的な軍政と同じ感覚で
　　部隊の軍政に干渉すること。
これをすると、
兵士が混乱する。

三．軍隊に臨機応変な
　　対応が必要となることを
　　理解せず、軍の人事・処断に
　　干渉すること。
これをすると、
兵士に疑念が生じる。

軍隊が統率を欠き、混乱するときには、
周辺諸国がそれに乗じて面倒事を引き起こすだろう。

軍の統率を乱せば、敵に勝利の機会を与えてしまうことになる。

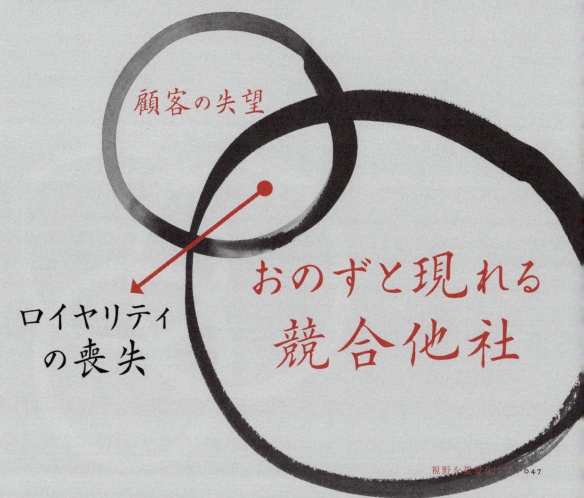

したがって、勝つためには
五つの要件がある。

一．戦うべきときと
　　戦うべきではないときを
　　知っている者が勝つ。

二．多数の兵力の扱い方、
　　少数の兵力の扱い方を
　　両方知っている者が勝つ。

三．部下と一つの目的に向かって
　　結束している者が勝つ。

四．自らは綿密な準備を
　　整えながら、
　　油断している敵と
　　戦う者が勝つ。

五．有能であり、
　　かつ主君に干渉
　　されていない者が
　　勝つ。

良い仕事をするのに
必要な条件

従いやすい
指示

邪魔しない
上司

良い現場の
リーダー

敵を知り、己を知れば、百度戦っても結果を恐れることはないだろう。
敵を知らず、己を知っていれば、勝敗は五分と五分になるだろう。
敵を知らず、己も知らないのであれば、戦うごとに敗れるだろう。

軍形篇

長所を視覚化する

Visualize Your Advantages

4

孫武先生は言った。

古の時代から、巧みな戦い方をする者はまず敵に負けない態勢を作り、それから敵が隙を見せるときを待った。

不敗の態勢は自分で作るものであるが、敵に勝つチャンスは敵自身が作るものだ。

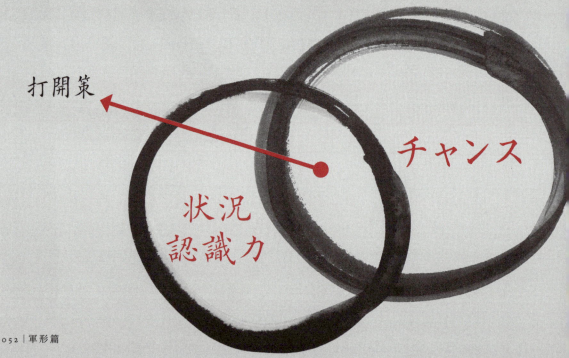

だから、戦い方を心得ている者は、自分が負けないようにすることはできるが、敵に勝てる態勢を自ら作り出せるとは限らない、と理解している。
勝つための理論を知っていることと、勝つための能力があることとは、必ずしも同じではないのである。

負けないようにするとは、守勢を保つということであり、
敵を倒そうとするとは、攻勢をかけるということである。

守勢にあるということは、攻めるのに十分な戦力がないということであり、
攻勢にあるということは、戦力に余裕があるということである。

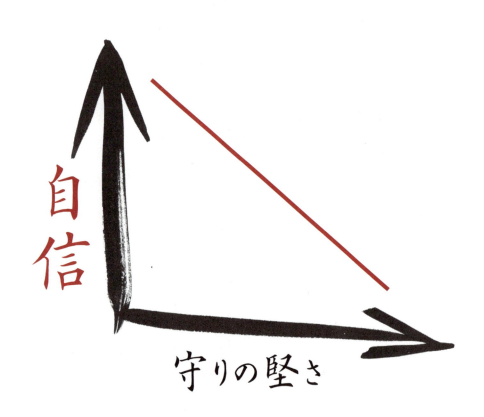

守りの戦いに長けた将軍とは、広く入り組んだ地域に隠れる者である。攻めの戦いに長けた将軍とは、空から降ってわいたように一斉に襲いかかる者である。

そうすることで損害を出さないようにしつつ、確実に勝利を収めることができるのだ。

かくれんぼ

見つけ出す

子供あるいは奇襲の天才

勝利をつかむチャンスを
平凡な将軍たちと同じような
ときにしか見いだせないので
あれば、その人物は
最高の将軍ではない。

しかし、万人が「戦の達人」と
褒めたたえるような戦い方を
する人物もまた、
最高の将軍ではない。

凡庸

机上の
空論

短絡的

安易な戦略

秋の小鳥の羽を持ち上げる者を力持ちとは言わない。
太陽と月を見分けられる者を良い目の持ち主とは言わない。
雷の音が聞き取れる者を良い耳の持ち主とは言わない。

しかし、古くから名将といわれる人物は、簡単に勝てる相手を選んで戦い、勝ってきた者のことである。

そうした名将の智謀や武勇が称えられることはない。

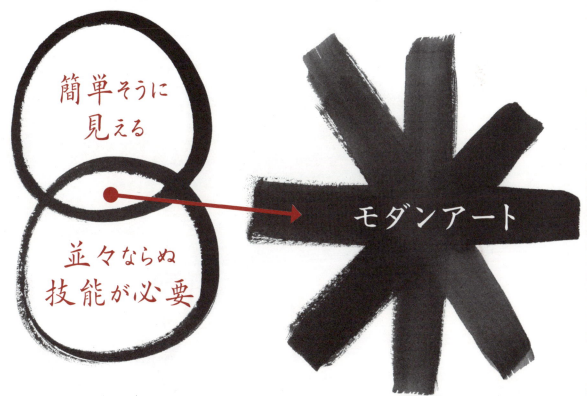

名将は敵と戦い、間違いなく勝つ。

間違いがないのは、すでに負けるべき態勢の相手に勝つからだ。

つまり、名将とは負けない態勢を整えつつ、
敵を打ち負かす機会を逃さない者である。

勝つ将軍は勝利の見通しが立ってから戦いを挑み、負ける将軍は戦いを始めてから勝つ見通しを考える。

名将は自ら「道」を実践し、部下におのずと「法」を守らせる。そうして勝利のための方策を打ち出すのである。

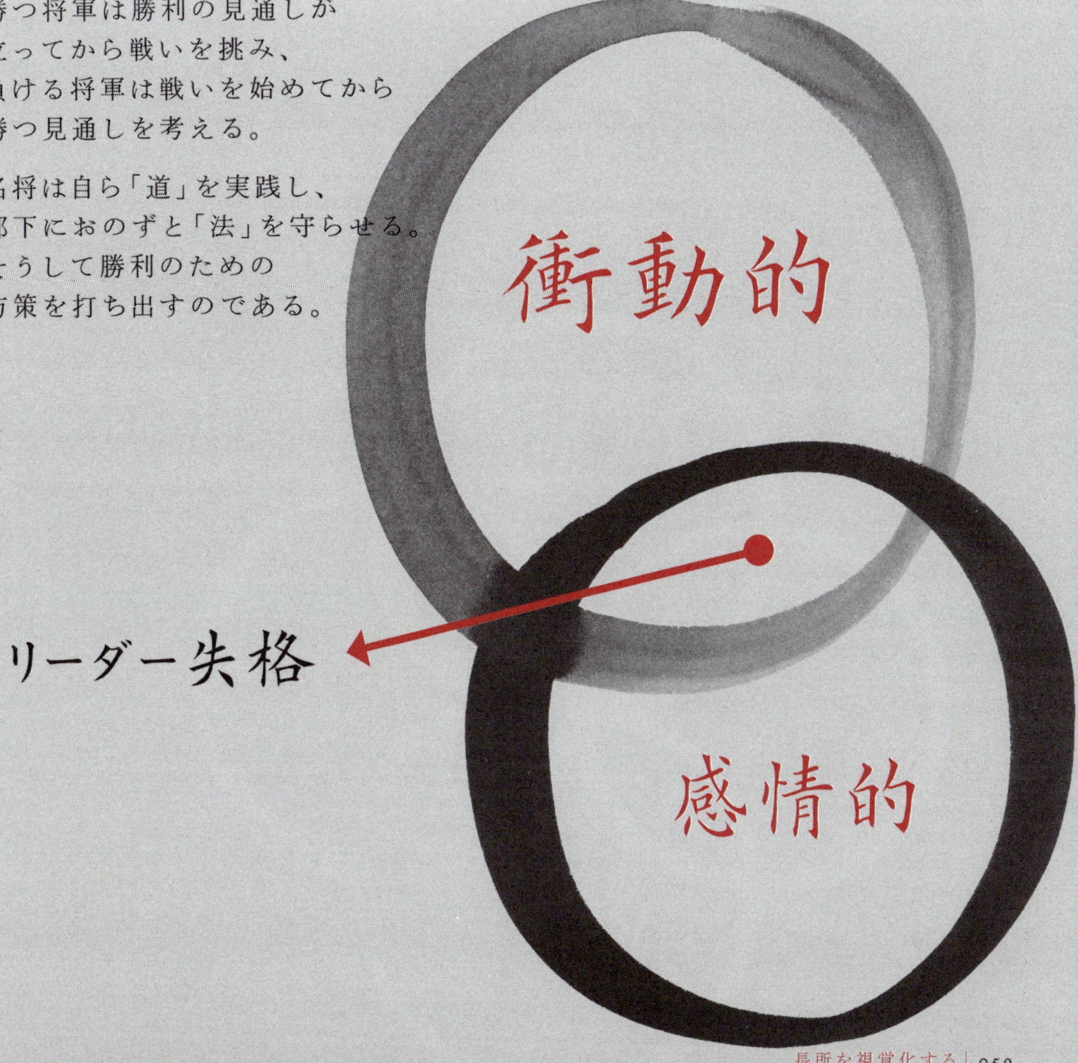

衝動的

感情的

リーダー失格

古の兵法によれば、武力戦には五つの要素がある。
一つ目は「度」、二つ目は「量」、三つ目は「数」、
四つ目は「称」、五つ目は「勝」である。

戦場の地形や特性から「度」、すなわち必要な戦力が見積もられる。
見積もられた戦力から部隊の「量」が決まる。
部隊の量から兵士の「数」が見積もられる。
兵士の数を相対的に敵と比較（称）し、比較から「勝」算が立てられる。

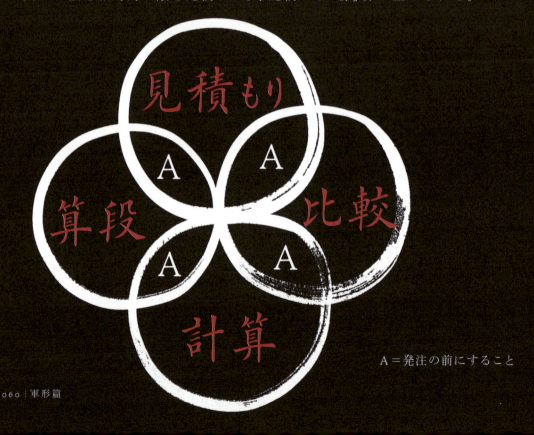

A＝発注の前にすること

勝つ軍隊と負ける軍隊は、天秤に載った重い分銅と
軽い分銅を見分けるように明らかである。

勝者の戦い方は、まず水を蓄え、それから堰を切って
深い谷にその水を落とすような勢いを持っている。
だが、それができるのは、その準備を事前に整えているからである。

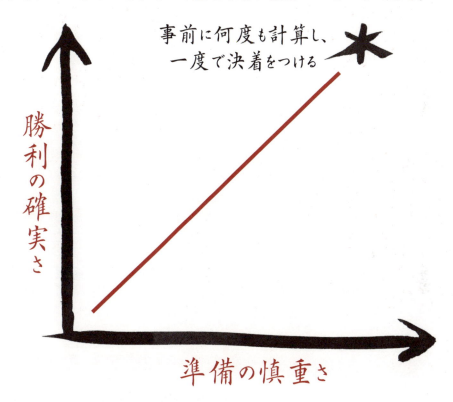

勢篇

自分の手札を視覚化する
Visualize Your Resources

孫武先生は言った。

大軍を統率することも
小勢を統率することも
同じである。
要は部隊の分け方の問題である。

大軍を指揮して戦うことも
小勢を指揮して戦うことも
同じである。
要は連絡や指揮系統の
整え方の問題である。

敵の攻撃を受けて敗れないためには、
奇策と正攻法の組み合わせが必要である。

砥石を卵にぶつけるような圧勝ができるのは、
敵軍の隙があるところに隙のない自軍を投入したときだ。

戦いにおいては正攻法で敵と戦いつつ、
意表を突いた奇策で勝ちを確実にしなければならない。

奇策に習熟した者は、天地のように果てしなく、大河のようにとめどなく、
臨機応変に正攻法と奇策を使い分ける。

奇策と正攻法は昼と夜のように、終わったかと思えば始まり、
四季の循環のように、過ぎ去ったかと思えばまた到来するものである。

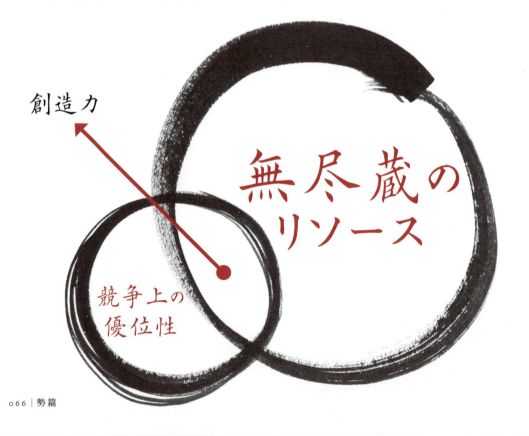

音階は五種類しかないが、その組み合わせは限りなく、
全てを聞くことはできない。

原色は五種類しかないが、その組み合わせは限りなく、
全てを見ることはできない。

味は五種類しかないが、その組み合わせは限りなく、
全てを味わい尽くすことはできない。

戦い方にも正攻法と奇策の二種類しかないが、
その組み合わせは無限にあり、全てを把握することはできない。
正攻法と奇策は相互に作用する、丸い輪のようなものである。
その始まりと終わりがどこにあるか、
いったい誰に知ることができるだろうか？

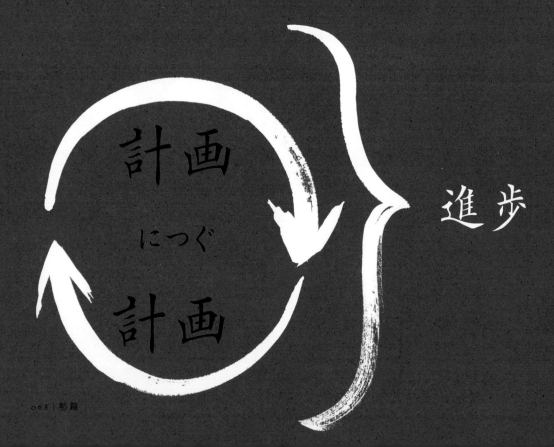

激流が岩をも浮かせるのは、猛烈な勢いがあるからである。

鷹が獲物の骨を一撃で打ち砕けるのは、
一瞬のタイミングを捉えているからである。

同様に、戦争の本質を心得ている者は、
一瞬のタイミングを捉え、猛烈な勢いで攻める。

勢いとは引き絞った弩(おおゆみ)が蓄えている力のように強いものでなければならず、その矢が放たれるときのように素早く発揮されなければならない。

乱戦となっても、組織さえしっかりしていれば乱れることはない。
戦況が目まぐるしく変化しても、
連絡さえしっかりしていれば陣形が崩れることはない。

混乱は秩序の中から、臆病は勇敢さの中から、
弱さは強さの中から生まれる。

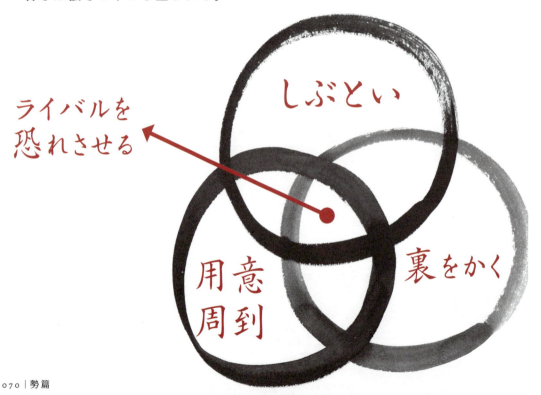

軍が秩序を保つか混乱するかは組織の編成の問題であり、
勇敢になるか臆病になるかは勢いの問題であり、
強いか弱いかは態勢の問題である。

敵の誘導に長けている者が、わざと弱点を敵に見せたとき、
敵は必ず乗ってくる。
敵に餌となるものを与えたとき、敵は必ずそれを取りに来る。

そうして敵を釣り出し、
精鋭の兵によって待ち伏せするのである。

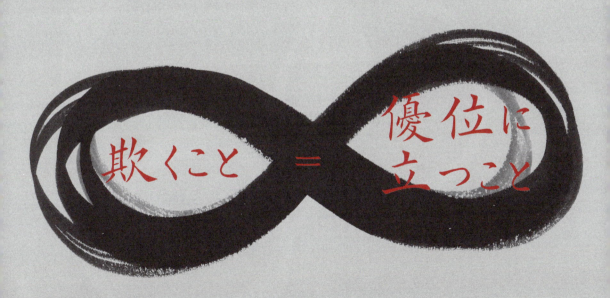

戦いのうまい者は戦場の勢いの中に勝機を求め、
部下や兵士に無理強いをしない。

また、そうした人物は部下を選ぶとき、
戦況を捉えて適応できる者に任務を与える。

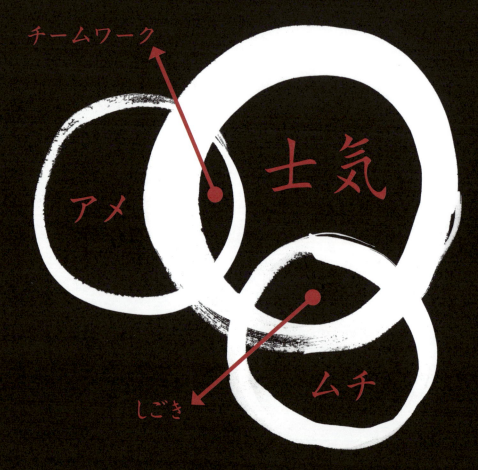

戦いの流れをうまく利用する者は、部下を木や石を転がすように戦わせる。

木や石は安定した地面では動かず、不安定な地面では動く。
角形ならば止まり、丸ければ転がる。

そのような性質や形勢を巧みに利用するのだ。
名将が指揮する軍隊の勢いは、
険しい山を転がり落ちる岩のように激しくなる。

それが理想の勢いである。

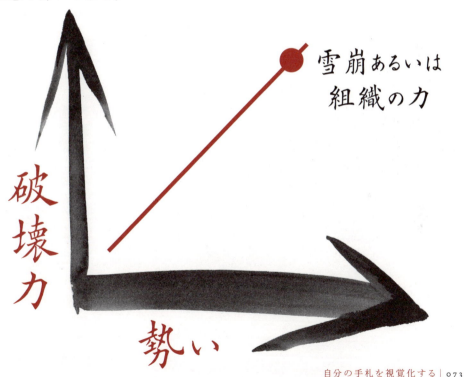

虚実 篇

チャンスを視覚化する

Visualize Your Opportunities

孫武先生は言った。

先に戦場へ到着し、敵を待つ者は戦いに向けて準備を整えられる。
後から慌てて到着する者は、戦う前から疲弊している。

戦い方のうまい者は、自身が主導権を握り、敵に主導権を奪わせない。

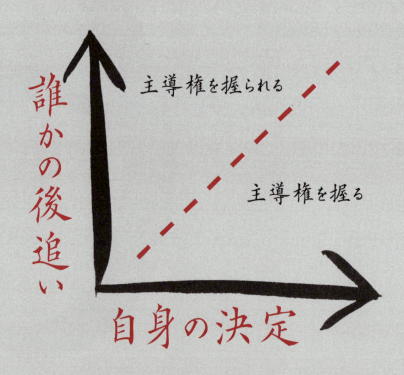

敵が有利なときは、まず妨害せよ。
敵に食料が十分あるなら、補給を断て。
敵が休んでいるなら、動かして休みを与えるな。

敵が守らざるを得ない要所には先回りし、
敵が襲撃を予想していない場所は速やかに攻めよ。

成功の種を見つける

破壊する

ライバルを蹴落とす方法

敵の少ない場所を進むなら、苦労せずに進軍できる。

敵が守っていない場所を攻めるなら、必ず勝ち取れる。

敵が攻められない場所を守るなら、必ず守りきれる。

攻撃に長けた者と対峙した敵は、どこを守ればいいか分からなくなる。
守りに長けた者と対峙した敵は、どこを攻めればいいか分からなくなる。

絶妙な臨機応変さで自軍の意図を隠すことを突き詰めると、
まるで決まった形がなく、何も音がしないような存在になる。
それでこそ、敵の命運を握ることができるのだ。

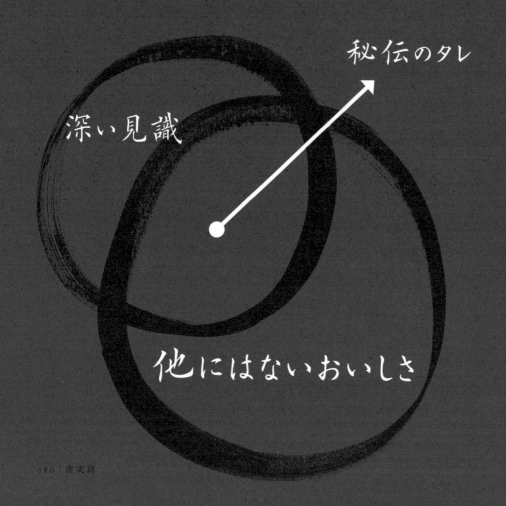

敵の虚を衝いて攻撃すれば、敵が頑強に防いでくることもない。
敵よりも素早く動けば、撤退するときも追い付かれない。

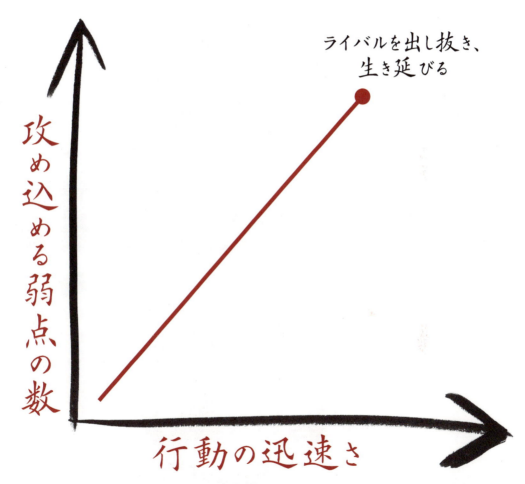

一戦を交えようと思ったならば、敵がどれほど堅固な城壁と堀に守られていたとしても問題ない。

救援に出てこざるを得ないような別の場所を攻めればよいからだ。

戦いを避けようと思うのならば、自軍が地面に線を引いただけの陣地にいたとしても問題ない。

攻める場所を間違えさせればよいからだ。

奇想 天外

世界をひっくり返す者 あるいは 最近の若い連中

興味をそそる 他とは違うもの

敵の配置を把握し、一方で自軍の配置を把握させないでいれば、自軍の戦力を集中しつつ、敵の戦力を分散させられる。

自軍が一つに集中し、敵が十に分かれているのならば、こちらは全軍で相手の十分の一と戦える。

つまり、分散した敵の一つと全軍で戦えるなら、数のうえで優位に立つことができるのだ。

そうして少数の敵を多数の自軍で攻撃することができれば、
敵は苦しい戦いを強いられることになる。

稚拙な情報戦が生む惨事

自軍が決戦を仕掛ける場所は秘密にせねばならない。
そうすれば、敵は多くの場所の守りを強いられる。
敵が分散すれば、一度に戦う相手は相対的に少なくなる。

敵が正面を固めれば、後ろは手薄になる。
後ろを固めれば、正面は手薄になる。
左を固めれば、右が手薄になる。右を固めれば、左が手薄になる。

まんべんなく備えようとすれば、まんべんなく弱くなる。

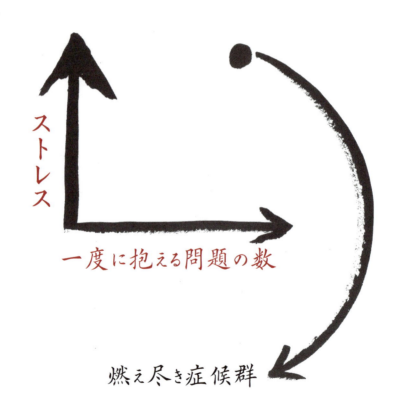

数の不利に陥った者は、敵に主導権を握られる。
数の優位に立てば、主導権を握ることができる。

決戦する時と場所を事前に予見できれば、
たとえ千里離れた遠くの戦場でも存分に戦うことができるのだ。

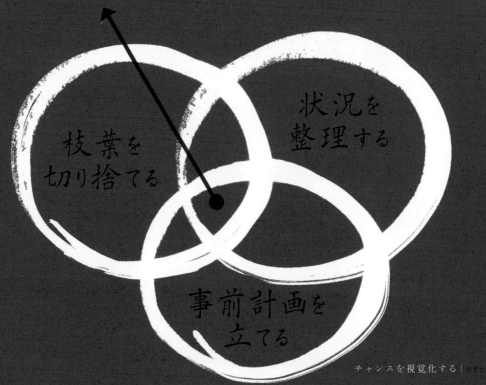

しかし、戦う時と場所の判断ができていなければ、
左翼の兵は右を援護できず、右翼の兵は左を援護できず、
正面の兵は後方を援護できず、後方の兵は正面の兵を援護できない。

たとえ軍が数十里、いや、数里に密集して展開していたとしても、
言うまでもなく同じことである。

私の見積もりでは、越の兵士は我が軍よりも多い。
だが、それは勝敗において何の強みにもならない。
勝利は作り出すものである。

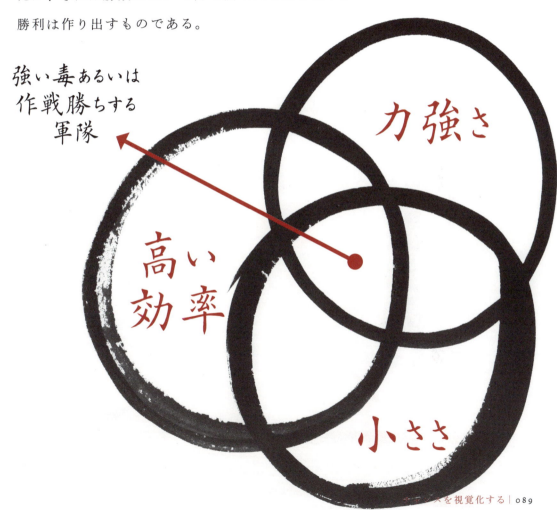

敵の数が多くても、戦わせないようにすることはできる。
敵の企みを見抜ければ、敵の作戦や強さを知ることができる。

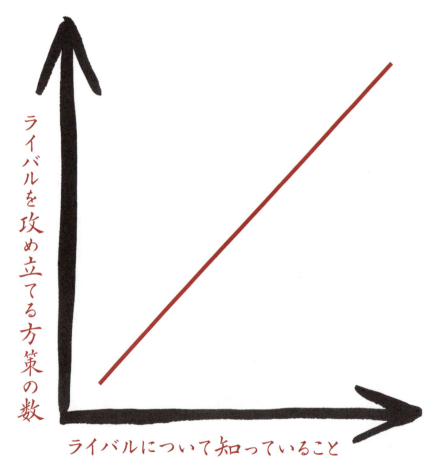

敵を揺さぶり、
動静の傾向を知れ。

敵を備えさせ、
地形の有利不利を知れ。

慎重に敵とぶつかり、
主力の居場所と
弱点を探れ。

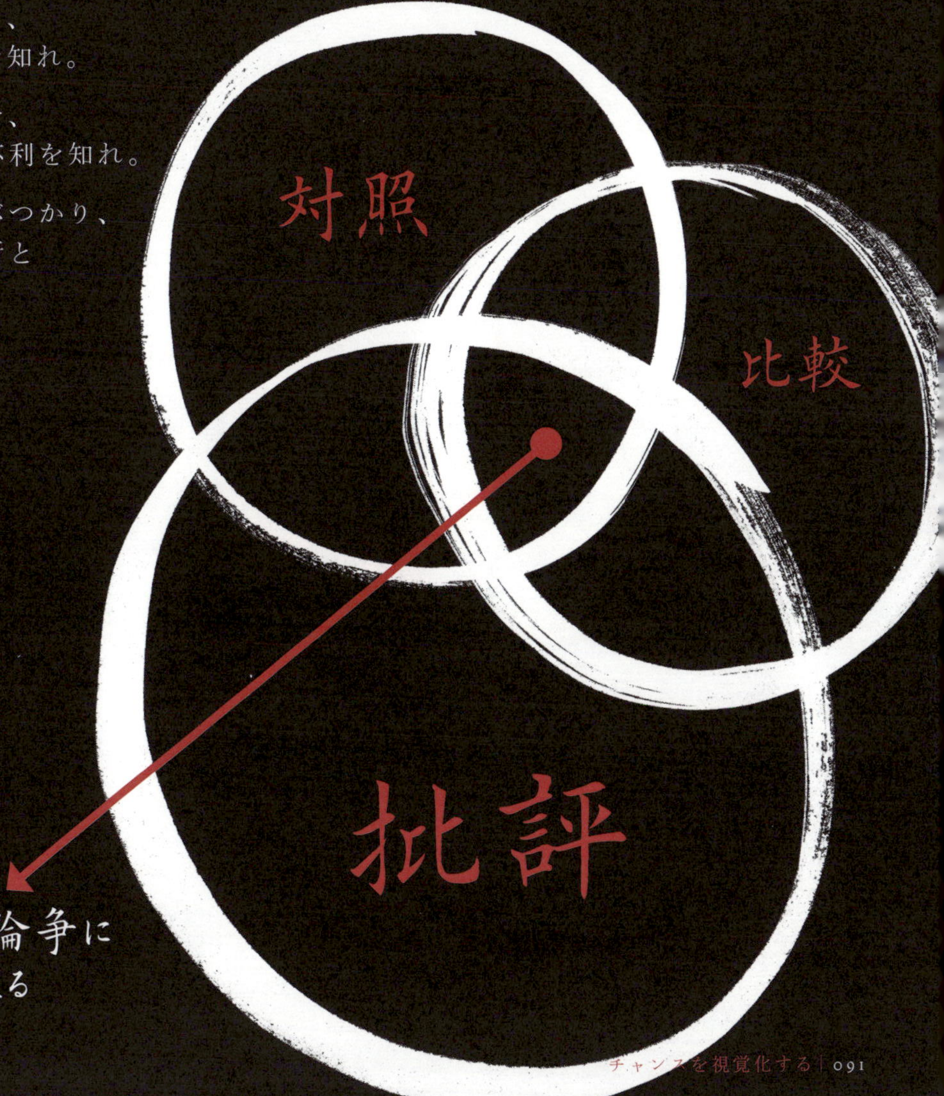

対照

比較

批評

競争や論争に
備える

兵隊の配置において、究極の形は形がないことである。
決まったパターンがなければ、敵の鋭い斥候にも自軍の意図が
推しはかれず、敵の指揮官がどれだけ賢くても対策を練ることは難しい。

私は敵の作戦に対応して自軍の部下に作戦を授けはするが、
部下がその実態を知ることはない。

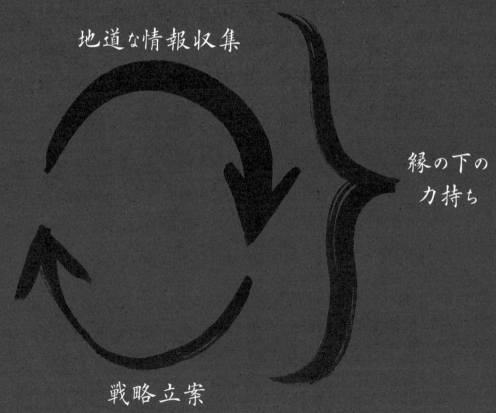

私が勝ったときの兵の配置を知ることは誰でもできるが、
どうやって勝利に至ったのかを知ることができる者はいない。

一度勝つのに使った手は繰り返さず、状況に応じて
無限に変化させていくべきである。

軍事作戦は水に似ている。
水は高いところを避け、低いところを突き進む。

戦争においても、敵の強い部分を避け、弱い部分を攻めるものである。

水が地形によって流れを変えるように、
軍隊も敵に応じて行動を変え、勝利するのである。

したがって、水の流れに一定の型がないように、
軍隊の動きにも一定の型はない。

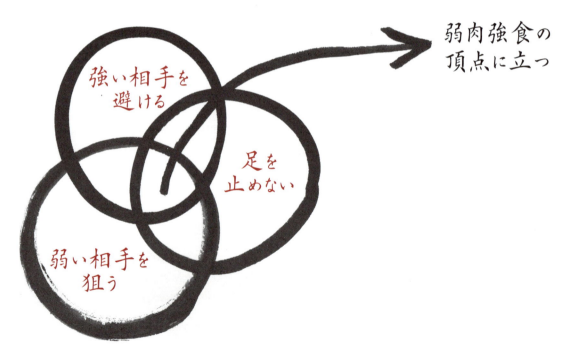

敵に応じて作戦を変え、勝利を獲得する者こそ、神業の持ち主である。

世の中のあらゆる事象（五行）は常にどれかが優勢ということはない。
四季もまた移り変わるものである。

昼と夜の長さも変化するものであり、月にも満ち欠けがあるものだ。

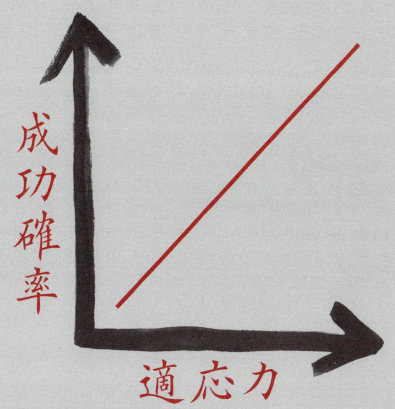

軍争篇

物語を視覚化する
Visualize Your Narrative

孫武先生は言った。
戦争では、まず将軍が君主に命令を受けるものだ。
次に兵を動員し、国民から徴兵した後、均整のとれた部隊を配備し、陣地を構えるものである。

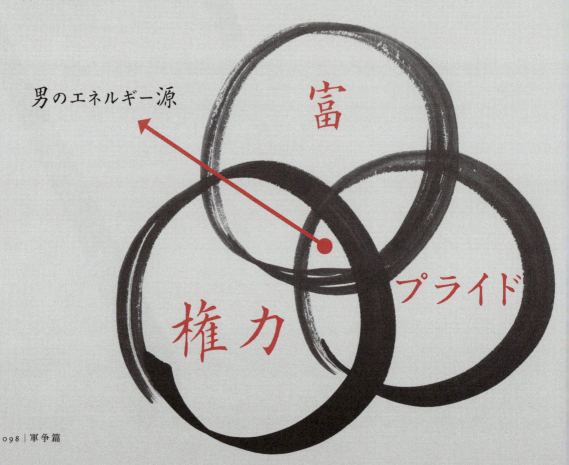

その後、敵の機先を制するための駆け引きが始まるが、
これほど難しいことはない。

その難しさは遠回りを近道とし、
危険を利益に変えなければならないところにある。

遠回りをしつつも、敵を別の場所へと誘いだし、遅らせる。
そうして敵よりも後に出発し、
先に目的地にたどり着くことができるならば、迂直（うちょく）の計、
すなわち遠回りを近道に変える方法を
知っている者と言えよう。

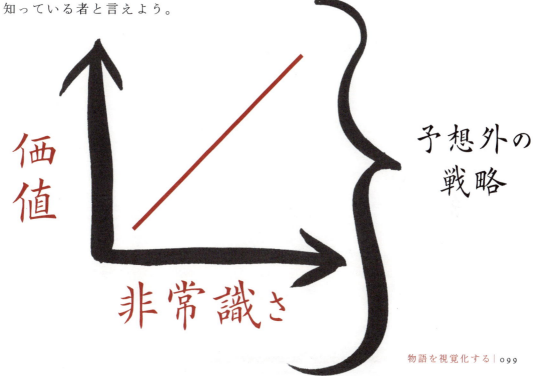

主導権争いは利にもなるが、危険もある。

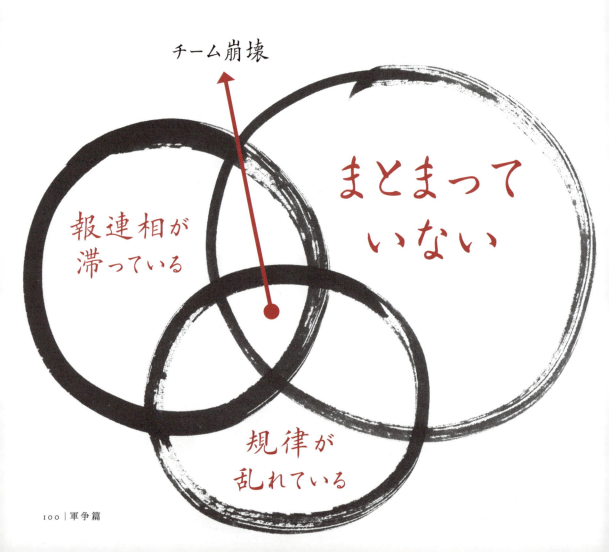

主導権を握ろうとして全軍を動かせば、間に合わないおそれがある。

一方で身軽な別働隊に先を急がせれば、後方の兵站が置き去りになる。

軽装になって昼夜休まず、百里の道を強行すれば、
指揮官は残らず捕虜となるだろう。

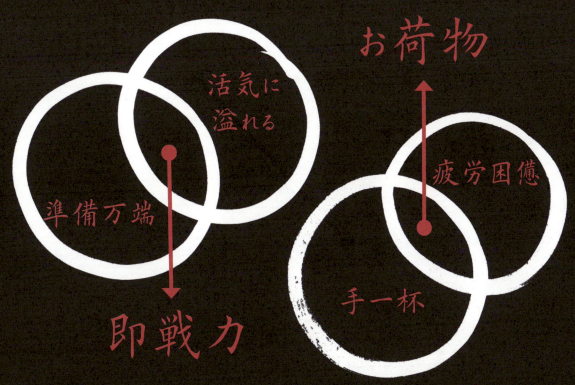

そのような行軍では強健な兵士だけが先へと進み、弱兵は脱落してしまう。結局目的地にたどり着く者は十分の一になってしまうだろう。

五十里の強行軍なら、前衛の指揮官は倒され、
半分の兵力だけが到着するだろう。

三十里の強行軍でも、到着するのは三分の二の兵力だけになるだろう。

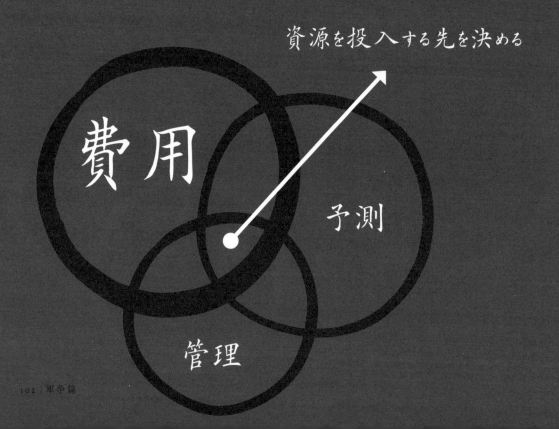

軍は兵站線がなければ壊滅する。
食料が尽きても壊滅する。
軍需品が尽きても壊滅する。

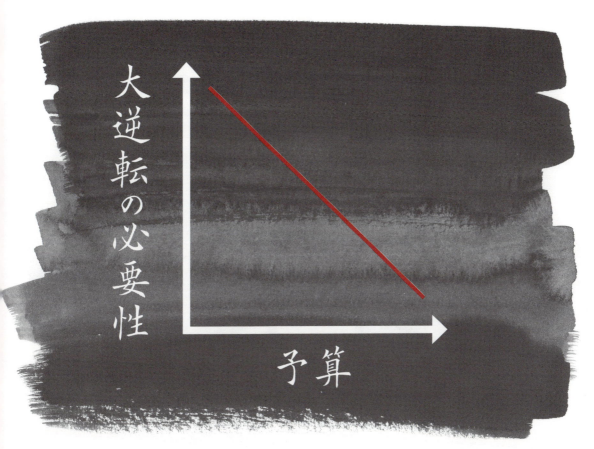

周辺諸国と同盟を結ぼうにも、
まずは相手の方針を理解していなければ交渉できない。

軍隊を進軍させようにも、
山林や険しい崖、沼地の場所を知っていなければ指揮できない。

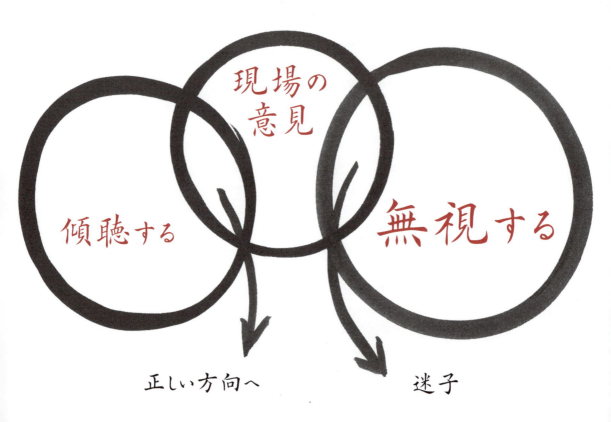

現地を熟知した案内人を利用しなければ、地の利を活かすことはできない。

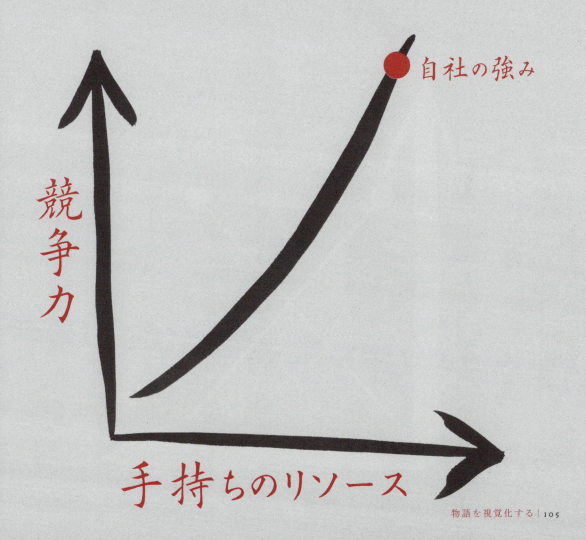

戦争に勝つには、自軍の行動を隠さねばならない。

有利な時を見極めて動かなければならない。

状況に応じて兵力の分散と集中を行わなければならない。

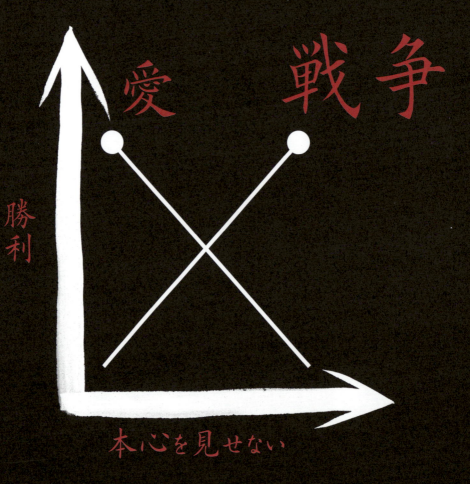

行動は風のように素早く、隠れるときは森林のようにあれ。
攻めるときは火のようであれ。守るときは山のようであれ。
闇夜のように敵から考えを隠し、戦いを仕掛けるときには稲妻のようであれ。

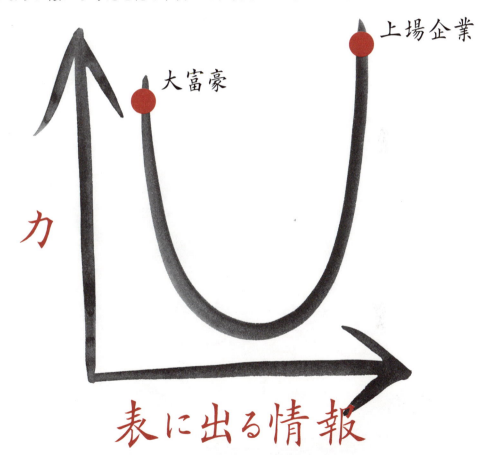

敵の村落を略奪したときには収奪品を兵士たちに分け、
新たな領土を獲得したら兵士たちの利になるよう分割せよ。

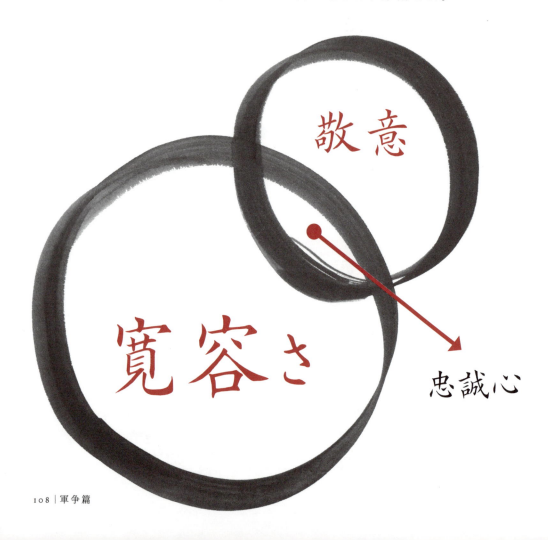

行動を起こす前によく比較検討せよ。
迂直の計を体得している者が勝者となる。
それが機先を制する争いの法則である。

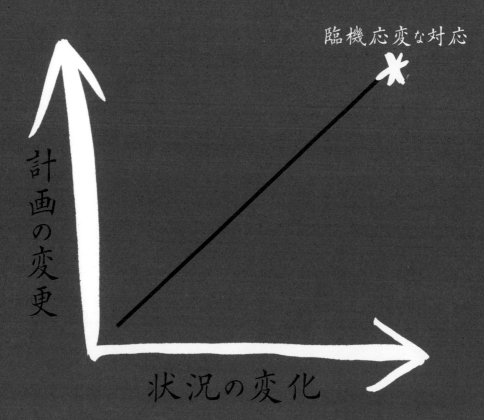

古い兵法書にはこう書かれている。

戦場では人の声が遠くまで聞こえない。
だから鐘や太鼓を使う。

部隊同士の動きもはっきりと見えない。
だから旗や幟(のぼり)を使う、と。

つまるところ、鐘や太鼓、
旗や幟は兵士たちの
耳と目を一つに
するために
使われる
のである。

分かりやすい

効果的な宣伝

いろいろな場所にある

そうして部隊を一体として制御すれば、勇敢な兵士が一人で前進することもないし、臆病な兵士が一人で後退することもない。

それが多くの人々を統率することの本質である。

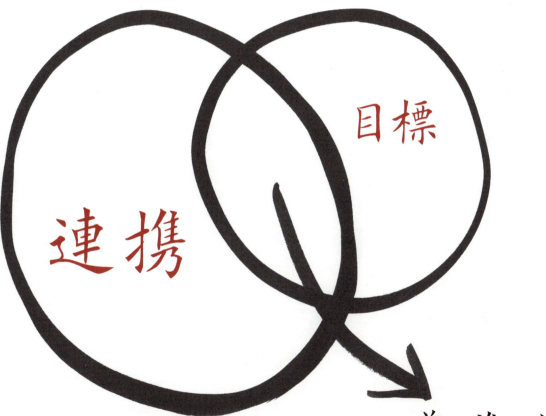

人の耳と目の機能に合わせ、夜戦では多くの松明や太鼓を、
昼の戦いでは多くの旗や幟を使うべきである。

それを利用し、敵の兵士の士気をくじき、
指揮官の心理の裏をかくこともできる。

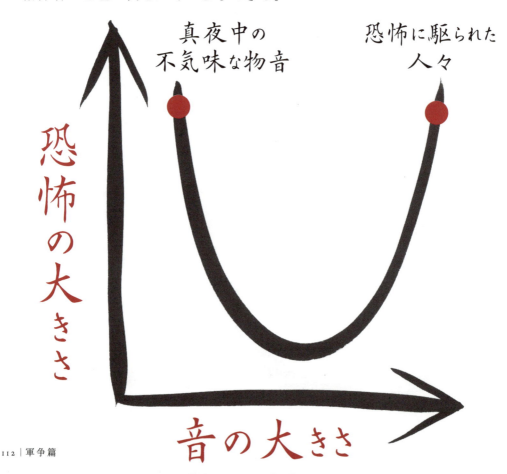

兵士の士気は朝には高いが、昼には衰え、
夜は陣地に帰って休むことばかり考えるようになる。

賢い将軍は敵の戦意が高いときを避け、
気が弛んだときや休みたがっているときに
攻撃する。

それが敵の気力を掌握して
戦うということである。

たまった疲労

集中力の低下

多すぎる仕事

団結して敵の混乱を待ち、平常心で敵の落ち着きが失われるのを待つ。
それが心を掌握して戦うということである。

戦場の近くに布陣して、遠くから敵が来るのを待て。
兵士に十分な休息を与え、疲れ切った敵を待て。
兵士に十分な食事を与え、飢えた敵を待て。
それが力を掌握して戦うということである。

整然と旗を立てて向かってくる敵や、
堂々と陣を構えている敵と戦ってはならない。
それが機略を掌握して戦うということである。

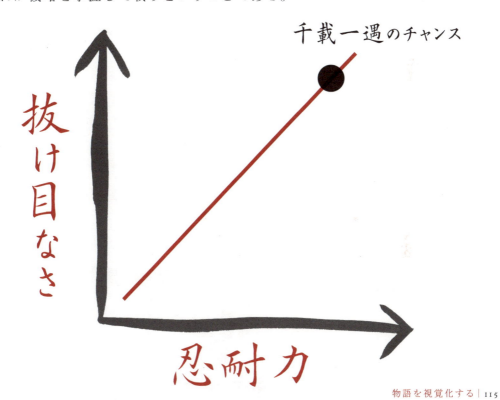

戦いを指揮する法則として、上り坂に向かって敵と戦ってはならず、また坂を下ってくる敵と戦ってもならない。

逃げるふりをする敵を追撃してはならない。
精鋭の部隊と戦ってはならない。
敵のおとりに食らいついてはならない。

国へ帰ろうとしている敵軍の道を塞いではならない。

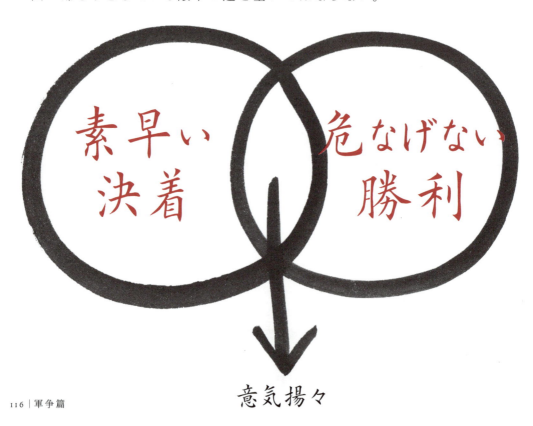

敵を包囲するときは、必ず退路をわざと開けておかなければならない。
窮地に陥った敵を追い詰めすぎてはならない。
それが戦闘指揮の要訣である。

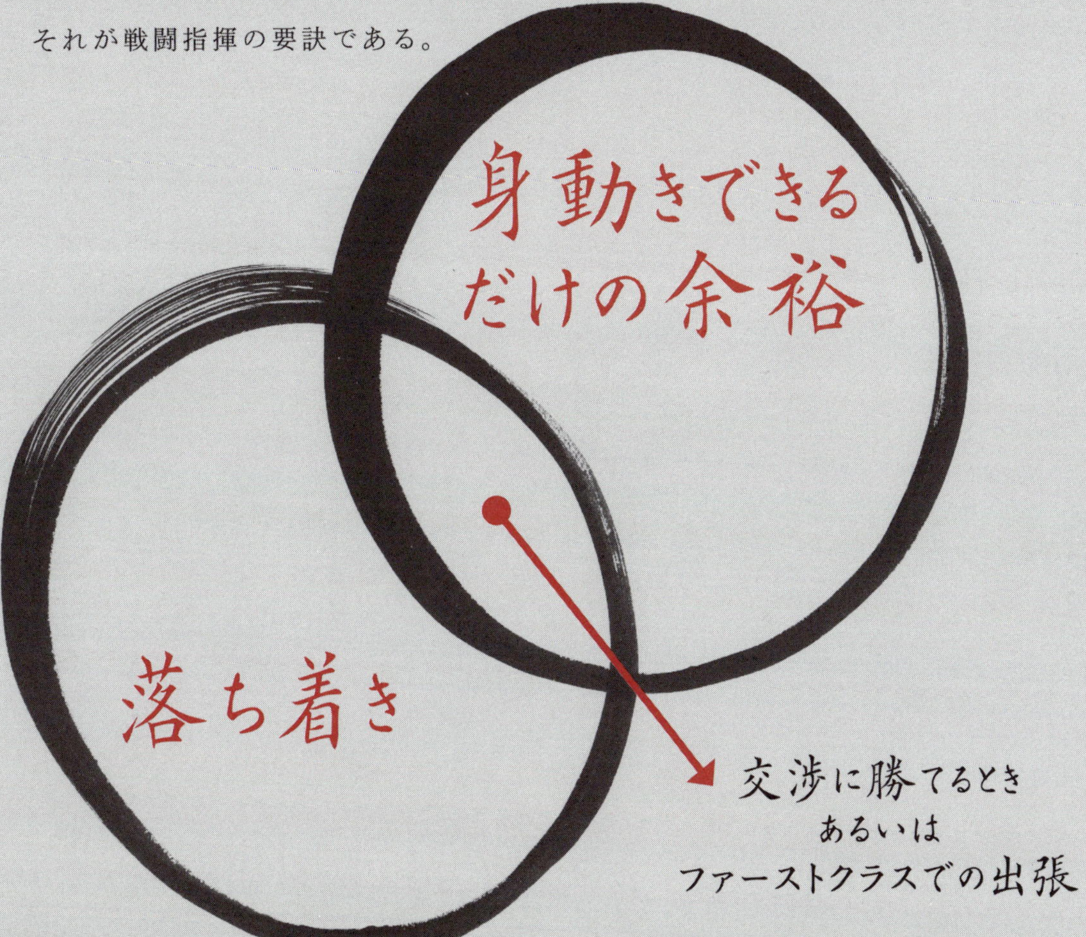

身動きできる
だけの余裕

落ち着き

交渉に勝てるとき
あるいは
ファーストクラスでの出張

九変篇

選択肢を視覚化する

Visualize Your Alternatives

孫武先生は言った。
戦争では将軍が君主の命令を受け、軍隊を動員し、
兵士を集めるものである。

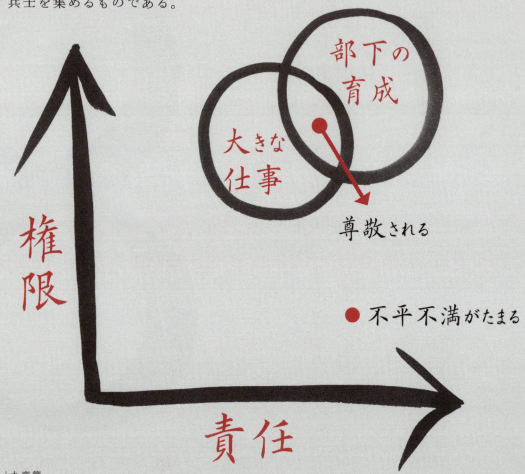

足下のおぼつかない場所で部隊を宿営させてはならない。

同盟軍と合流するなら、連絡や交通に便利な要所で行え。

孤立した場所に長く留まってはならない。

囲まれて出口の塞がれやすい地形では、
慎重に行動せよ。

不利な地形なら、必死で戦え。

軍隊には通ってはならない道があり、
攻撃してはならない敵があり、
攻めてはいけない城がある。

争ってはならない土地があり、
従ってはならない君主の命令もある。

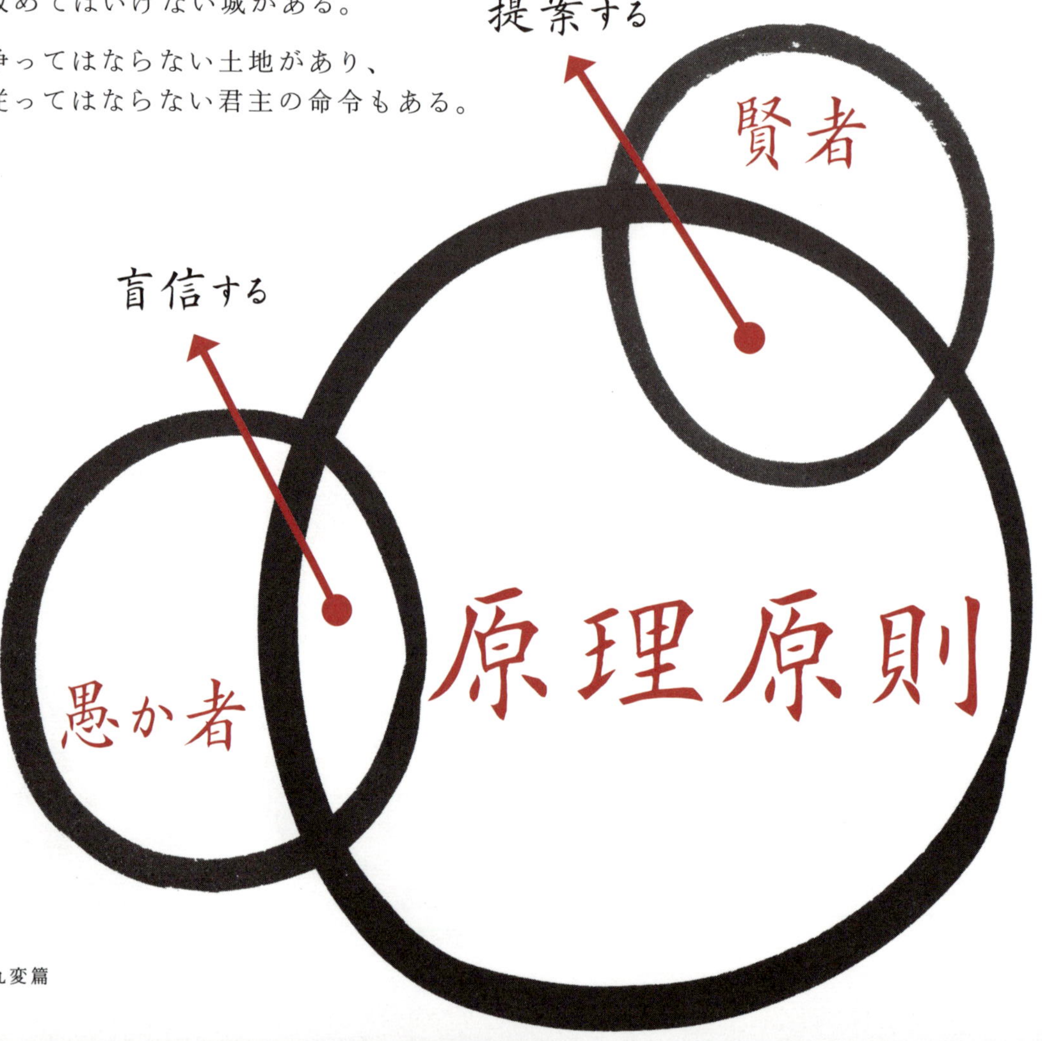

提案する

賢者

盲信する

愚か者

原理原則

兵の指揮に長けた将軍とは、その場に応じた臨機応変な戦術がもたらす利点を完全に理解している者のことである。

それを理解していなければ、たとえ戦場の地理に詳しくても、実際に有効活用することができない。

臨機応変な策の使い方を
理解していなければ、
たとえ地の利の基本を
理解していたとしても、
部隊を効果的に指揮
できないのである。

そのため、
名将が状況判断を
するときには、
必ずさまざまな利害を
考慮に入れる。

臨機応変な戦術

現実

解決策

紛争

おぼつかない空論

理論

不利であっても有利な部分を考えるからこそ、
重要な目的を達成することができるのである。

有利であっても不利な部分に考えが至るからこそ、
難を逃れることができるのである。

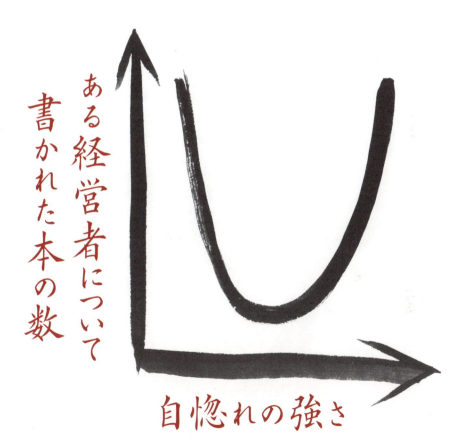

近隣の諸侯を脅かし、屈服させよ。
厄介な問題を起こし、疲弊させよ。
利益で釣り、思うように動かせ。

兵法とは敵が来ない可能性を頼りにするものではなく、
こちらの備えに頼るものである。
敵が攻めて来ない可能性を頼みにするのではなく、
こちらに攻め落とせるような場所がないことを頼みにするものである。

将軍が性格として持っていてはならない、五つの危険な欠陥がある。

　一．死を恐れない将軍は
　　　殺される。
　二．生に執着する将軍は
　　　捕虜となる。
　三．短気な将軍は
　　　挑発にのせられる。
　四．気位の高すぎる
　　　将軍は恥を恐れて
　　　正道を見失う。
　五．部下や民を
　　　愛しすぎる将軍は
　　　優柔不断に陥る。

この五つは戦争指揮において、
災いをもたらす
致命的欠陥となる。

軍隊が壊滅したり将軍が戦死したりする原因は、必ずこの五つのどれかにある。

よく理解しておかねばならない。

行軍 篇

環境を視覚化する

Visualize Your Surroundings

孫武先生は言った。

軍を移動させるにあたっては、
敵の様子を見ることだ。

山を通過するなら
谷の近くを素早く進め。

高く、日当たりの
いい場所[註]を占拠せよ。
敵と上り坂で戦ってはならない。

それが山地戦で重要なことである。

敗北

争う

A

利用する

勝利

A＝物理法則あるいは才能ある人間

[註]「生を視て高きに処く」。英語では単純に「日当たり」
とされている。

川を渡ったら、すぐさま離れることだ。
もし敵が川を渡って進軍してきたら、川の中央で迎え撃とうとしてはならない。
敵の半分が渡り終わるまで待ってから攻撃せよ。

敵と戦うときは、水際で敵を迎え撃とうとしてはならない。
敵よりも高く、安全な場所に布陣せよ。
水流に逆らって敵と戦おうとしてはならない。
それが河川で戦ううえで重要なことである。

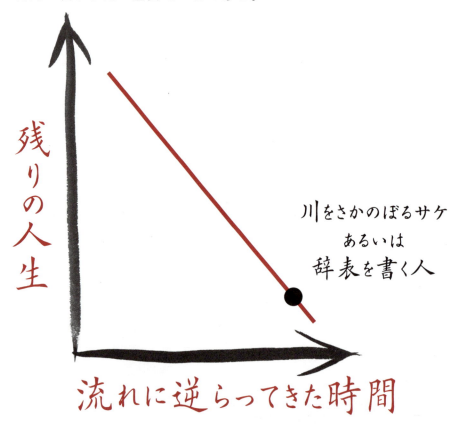

海水の混ざる沼地を渡るときは、迅速に通過し、留まってはならない。
やむを得ずに戦うときは、水草の陰や背後に樹木が茂っているところを選べ。
それが海水の混ざる沼地で戦うときに重要なことである。

平坦な土地では素早く動ける場所に陣を構えよ。

前面は低地、背面が高地となっており、右後ろ[註]に高所があることが望ましい。

これが平坦な地形で戦うにあたって重要なことである。

強固な足場

高い生存能力

金持ちの子供に生まれるということ

[註]右利きの戦闘に有利であるという説がある

この四つの地形における戦い方をもとに、かの黄帝は四人の諸侯と戦い、勝利したのである。

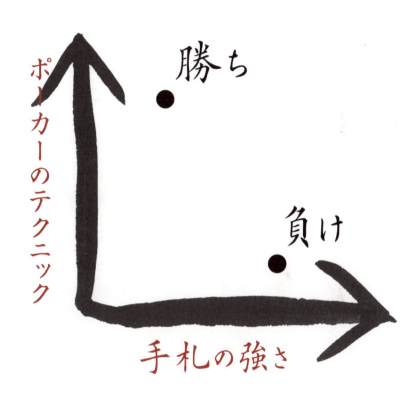

およそ軍隊というものは、
低所よりも高所の方が、
陰湿な場所より開けた場所の方が
有利なものである。

兵士の健康に気を配り、
気力を充実させていれば、
軍が病で苦しむこともなく、
勝利を確実に
することができる。

病原菌の
99%を
破壊できる

真実

日光

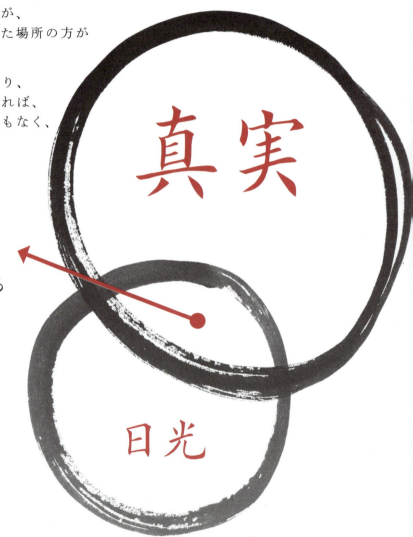

丘陵や土手では、
日当たりがよく右側背面に障害物のある場所で陣を構えよ。

そうすることで軍の指揮にとって有利になり、地の利を得ることもできる。

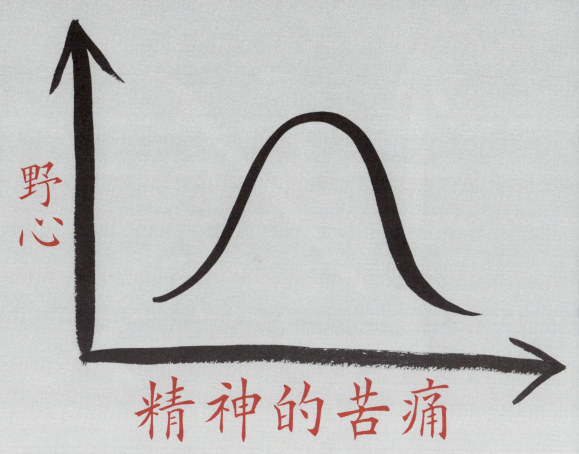

雨が上がったばかりの場所で、渡ろうとしている川の水位が上がり、水面が泡立っているようなら、水が引くまで待たなければならない。

急流の流れる谷間の他、自然の井戸や牢獄、網、落とし穴、
裂け目となっている地形からは素早く距離を取り、近づいてはならない。

自軍には危険な地形から距離を取らせる一方で、
敵軍はそこに誘い込むべきである。
自軍は危険な地形を正面にして敵と向かい、
敵軍には危険な地形を背面にさせるように戦え。

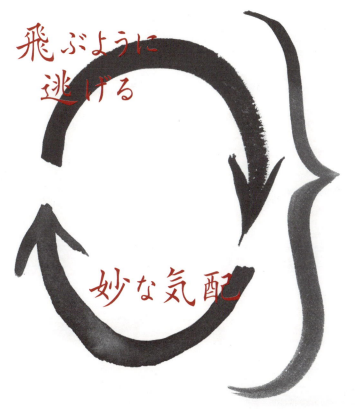

行軍の進路に険しい場所や葦の生い茂る沼や池、茨で覆われた山林や草木の密生地などがある場合、徹底的に何度も捜索せよ。

こうした場所には敵の伏兵やスパイが潜んでいるものだ。

敵に近づいても静かなままなら、敵には何か企みがある。
遠くから戦いを挑んでくる敵は、こちらの前進を誘っている。
こちらが攻めやすい場所に陣を構えている敵は、おとりである。

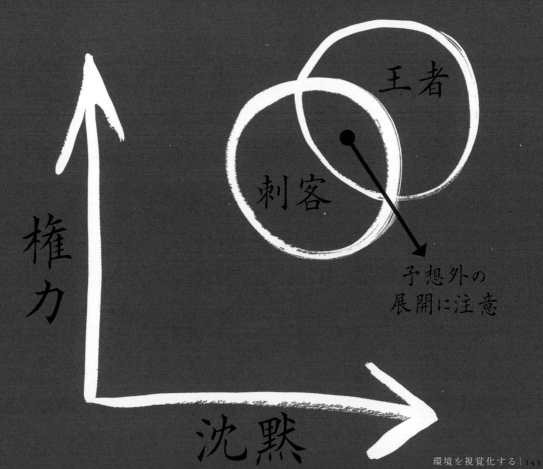

森の木々が揺れ動いているならば、
敵が近づいてくる兆候である。

茂みの中に多くの遮蔽物が
あるならば、敵は伏兵がいると
疑わせようとしている
のである。

鳥が飛び立ったならば、
そこに伏兵がいるという
ことである。

動物が逃げ出しているならば、
奇襲があるということである。

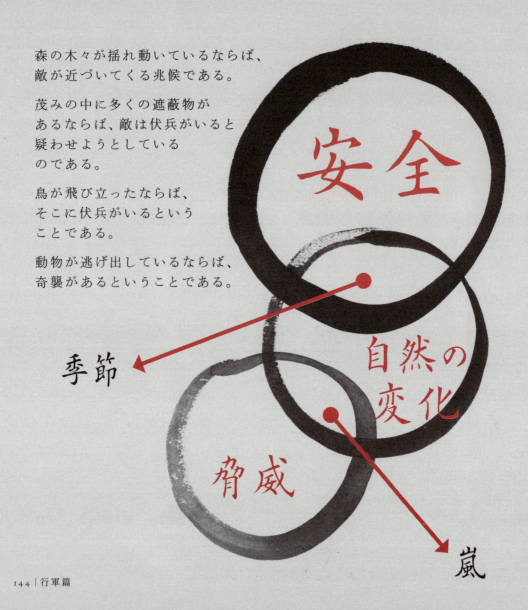

高く舞い上がる砂埃は戦車が進軍してくる兆候である。
低く、横に広がる砂埃は歩兵が進軍してくる兆候である。

砂埃が点々と散らばって見えるなら、敵が薪を集めている。

わずかな埃が一定の範囲を往来するように立ち上っているのなら、敵が宿営している。

敵の軍使がへりくだっているのに敵軍が戦闘の準備をしているなら、
間もなく進軍してくるという兆候である。

敵の軍使が強気で攻撃を仄めかしているなら、
間もなく撤退するという兆候である。

敵の軽戦車が出てきて両側を固め始めているのは、
戦う態勢を整える兆候である。

敵が条件もなく講和を申し出てくるなら、何かを企む兆候である。

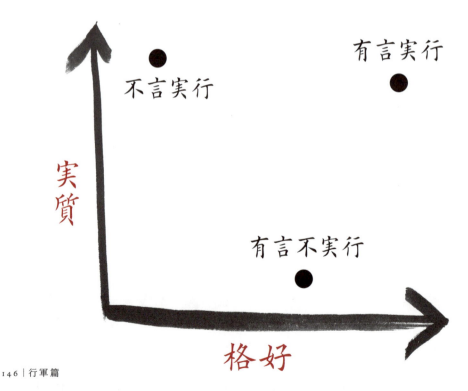

敵の将兵がせわしなく動き回り隊列を整えているなら、
いよいよ攻撃してくる兆候である。

敵が一進一退しているなら、こちらを罠に誘い込もうとする兆候である。

敵兵が武器を杖にして立っているなら、食料が不足する兆候である。

水汲みの兵士が部隊に水を配る前に自分で飲んでいるなら、水が不足する兆候である。

敵が有利な状況で攻めてこないなら、疲弊する兆候である。

鳥が集まっているのなら、そこから誰もいなくなる兆候である。

敵が夜に大声を上げるのは、恐怖の兆候である。

軍の風紀が乱れているのは、将軍の威信が低下する兆候である。
旗や幟が落ち着きなく動いているなら、混乱の兆候である。
将校が怒声を張り上げているのは、兵士が厭戦気分に陥る兆候である。

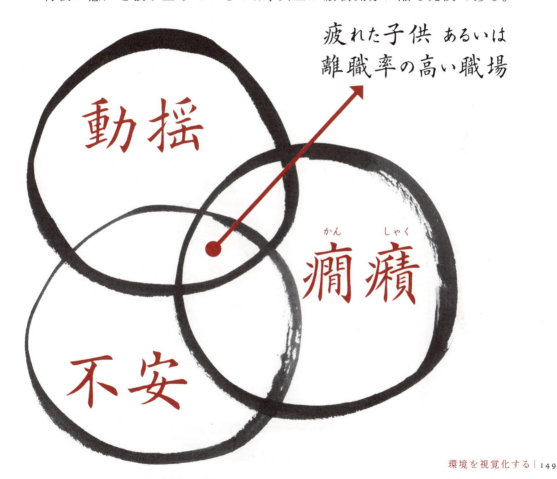

敵が戦闘用の馬に兵士用の穀物を与え、運搬用の馬を屠(ほふ)って食い、
食器を焚き火の近くに戻さず、しかも兵士が幕舎に戻ろうともしないなら、
死を覚悟で戦いを挑んでくる兆候である。

将校が恐る恐る話をしていたり、その部下が集まって小声で
話をしていたりするなら、信頼が失われる兆候である。

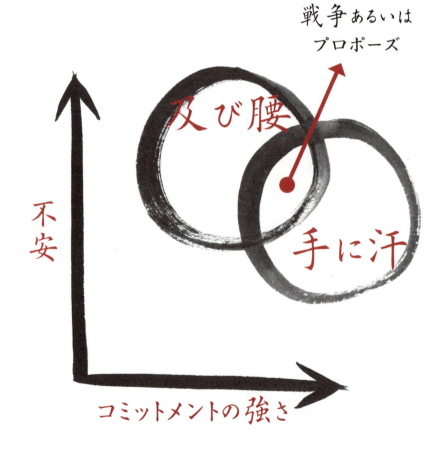

頻繁に褒賞が行われるなら、他に士気を上げる方法がなく苦しむ兆候であり、頻繁に懲罰が行われるなら、窮地に陥る兆候である。

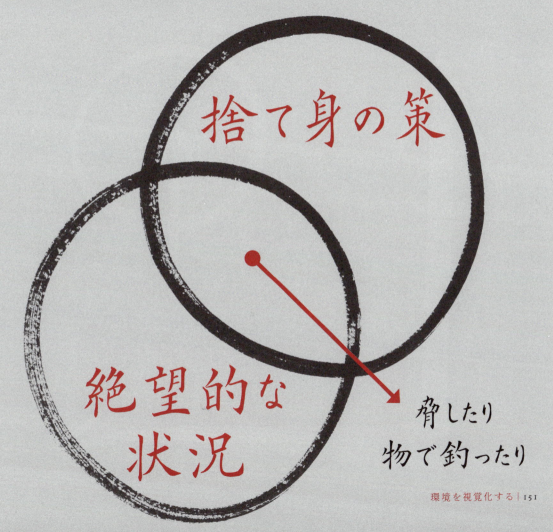

将軍が部下を初めは足蹴にしておきながら、だんだん卑屈に
なっていくのは、将軍がとんでもない愚か者になる兆候だ。

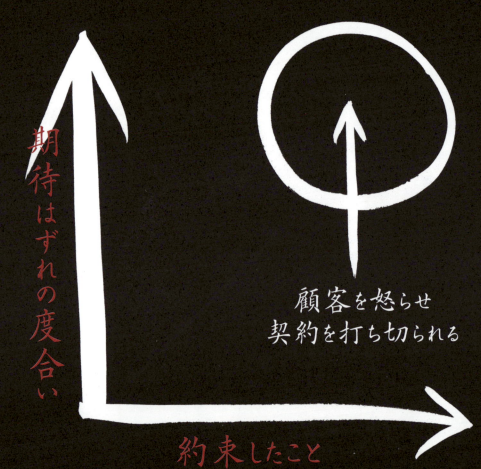

敵の使者がわざわざやってきて媚びへつらってくるなら、
敵が兵士を休ませる兆候である。

自軍と対面した敵兵が怒声を張り上げているのに戦うことも逃げることも
しないなら、必ず警戒し、慎重に状況を解明せよ。

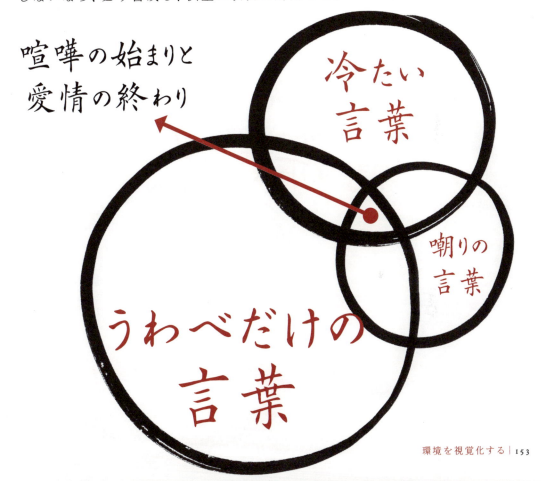

兵士は多ければ良いというものではない。
数を頼みに安易な攻撃をしてはならない。

敵情を詳しく知り、戦力を集中すれば、十分に勝てるのである。

先を見通しもせず、ただ敵を見下しているならば、
必ずや敵に捕らえられるであろう。

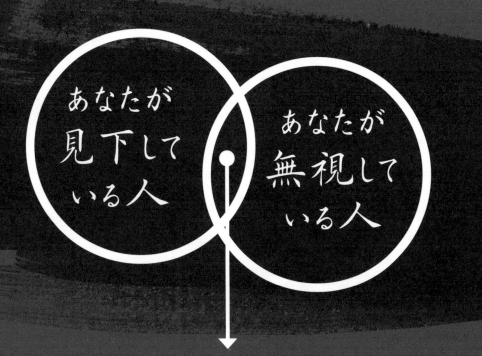

十分に親近感を得られていないうちから兵士を罰すれば、服従しなくなる。兵士が服従しなければ、軍隊として運用するのは難しくなる。

一方、十分な親近感を得た後にも兵士を罰さないのであれば、やはり運用は難しくなる。

したがって、兵士はまず思いやりを持って接し、それから厳正な規律で統率するべきである。

そうすれば確実に任務を果たせる軍隊となる。

命令や指示が普段からきちんと行われ、
兵士たちもそれを学んでいるなら、兵士は従う。
命令や指示が普段からきちんと行われず、
兵士たちもそれを学んでいないなら、兵士は従わない。

普段から命令や指示を適切に行っていれば、相互に信頼が生まれるのである。

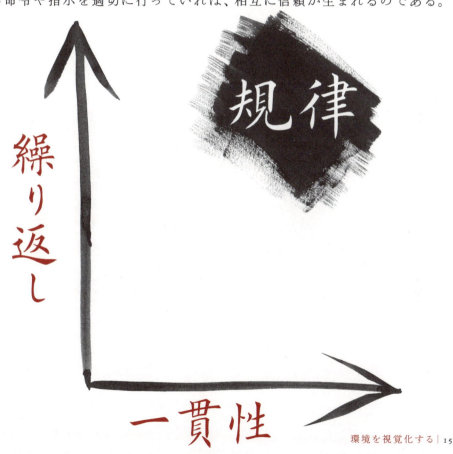

10

地形篇

作戦計画を視覚化する
Visualize Your Game Plan

孫武先生は言った。

地形は六つに分類できる。
すなわち、

一．通行しやすい地形（通）

二．戻ることが難しい地形（挂）

三．枝分かれの多い地形（支）

四．狭隘な地形（隘）

五．険しい地形（険）

六．見通しがきき、
　敵と遠くから対峙する
　ことになる地形（遠）

である。

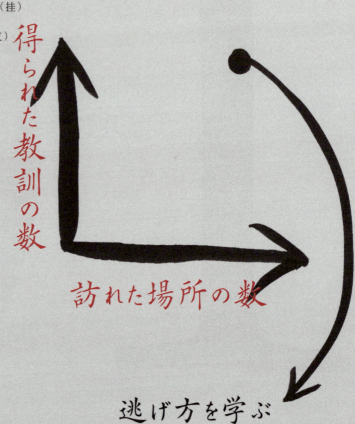

得られた教訓の数

訪れた場所の数

逃げ方を学ぶ

敵味方ともに通行しやすい地形が「通」である。

そのような地形では、より高く、開けていて、
糧道の安全が確保しやすい場所へ敵よりも早く陣を構えるべきである。

そうすれば、有利に戦いを進められる。

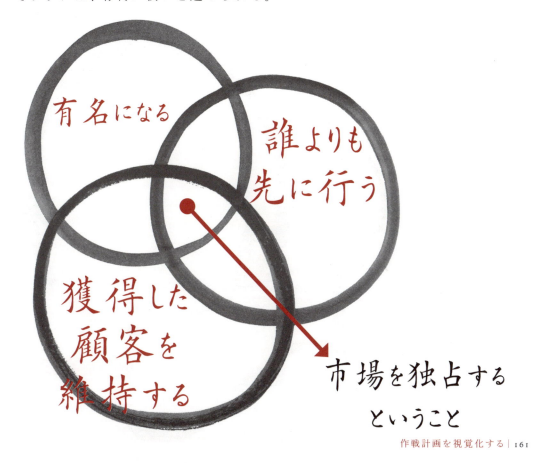

出るのは簡単だが戻ることの難しい地形が「挂」である。

そのような地形では、敵が備えていなければ、
飛び出して行って勝利を収めることができる。

しかし、敵に備えがある場合、
勝つことはできず、
戻ることも困難となり、
不利になってしまう。

境界線の引き直し

所有地争い

新たな住人

再開発の進むスラム
あるいは中東情勢

敵が進軍しても味方が進軍しても有利にならない地形、
それが枝分かれの多い「支」である。

そのような地形では、仮に敵が弱点をさらけ出しても進軍してはならない。
むしろ、後退して敵をおびき出し、
敵の半数が出てきたところを攻撃すれば有利に戦える。

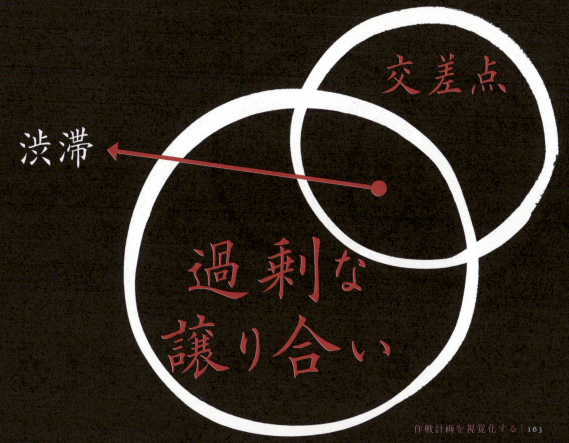

「隘」、すなわち狭い地形は敵よりも先に占領し、出入り口を固めて敵を待て。
もし敵に先を越され、守りを固められたのなら、追従してはならない。
敵の守りがまだ固まっていないなら、追いかけて攻撃してよい。

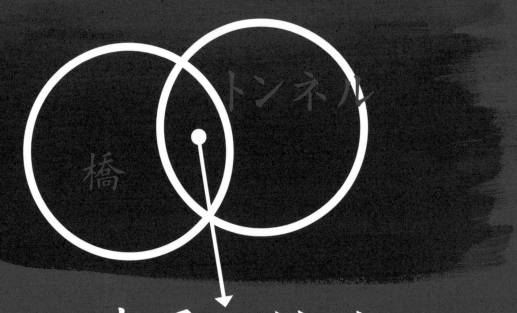

容易に封鎖されるもの

「険」、すなわち険しい地形では、高く、開けた場所を敵よりも早く占拠し、敵を待て。

もしそうした場所を敵に先取りされたなら、
後退して敵を引きよせるべきである。
敵を追って攻撃してはならない。

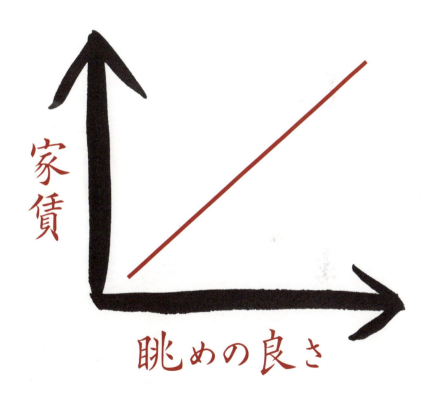

「遠」、すなわち敵とお互いに見渡せる離れた場所で対峙しており、両者の勢力が同等の場合、戦いを仕掛けることが難しく、仕掛けても不利になってしまう。

破壊の衝動

過剰な武器

核兵器
あるいは
破壊神

この六つが地形に関する対応、すなわち「地の道」の基本である。将軍としての責務を果たす者は、これを理解していなければならない。

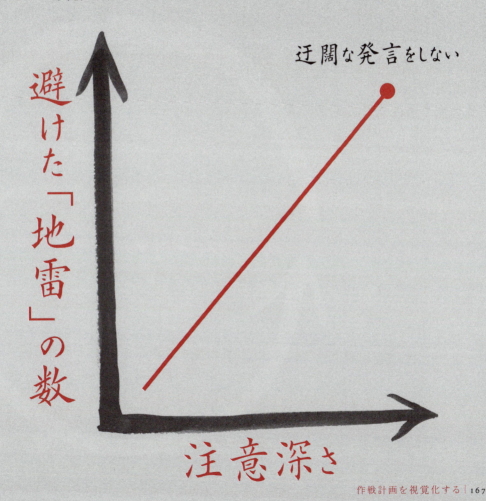

さて、軍隊には六つの人災がある。すなわち、

一．兵の逃亡（走）

二．兵の不服従（弛）

三．士気の低下（陥）

四．指揮官の独断専行（崩）

五．部隊の混乱（乱）

六．軍の潰走（北）

である。これらは天災ではなく、指揮官の過失である。

混乱

文明の崩壊

絶望

他の条件が同等であるにもかかわらず、
十倍の兵力の敵を攻撃させようとすれば、兵士は逃亡する。

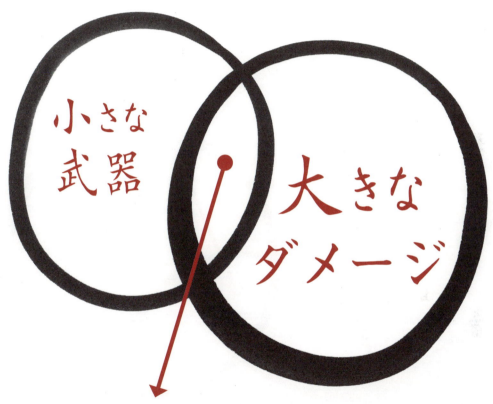

兵士が強く、将校が弱ければ、兵士の反抗が起きる。
将校が強くても兵士が弱ければ、士気が低下する。

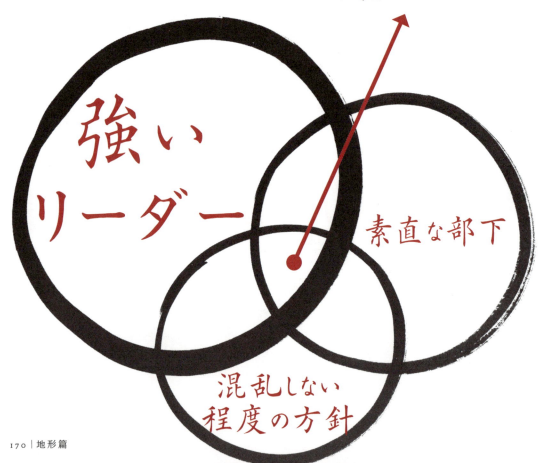

現場の指揮官が血気に駆られ、将軍の判断を待たずに
戦い始めるような軍は、崩壊に至る。

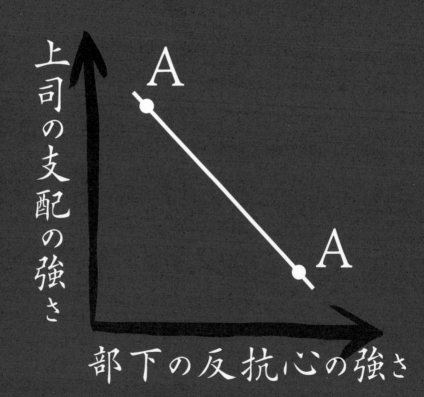

A＝敬意が必要

将軍の戦意が弱く、軍紀が確立できない場合、あるいは命令が明確でない場合や作戦に一貫性がない場合、部隊の陣形が整然としていない場合には、軍が混乱する。

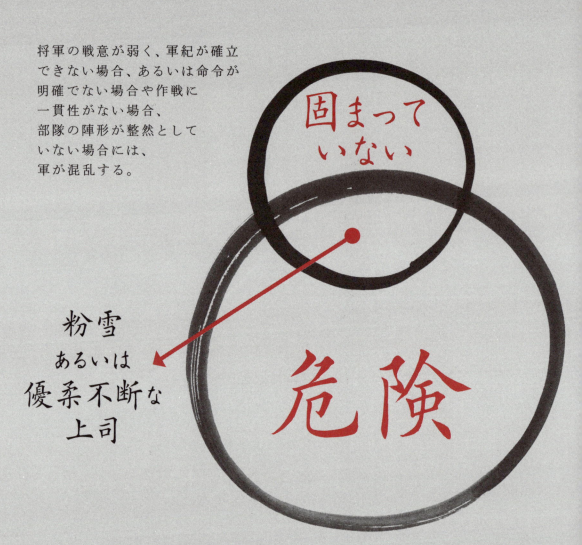

将軍が敵情判断をできずに少数の兵力で大軍を攻撃させたり、弱兵で精鋭を攻撃させたり、先陣を切る主力部隊の選定を誤ったりした場合、軍隊は潰走することになる。

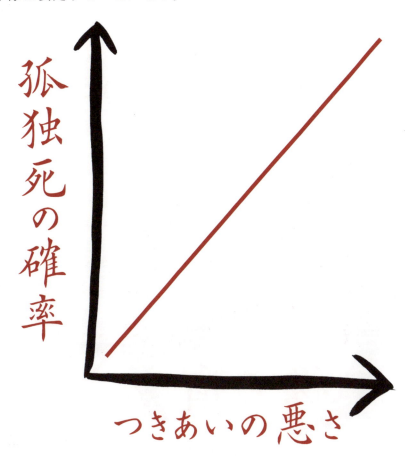

この六つが軍隊の
敗北に至る道である。
将軍としての責務を
果たす者は、
これを理解して
いなければ
ならない。

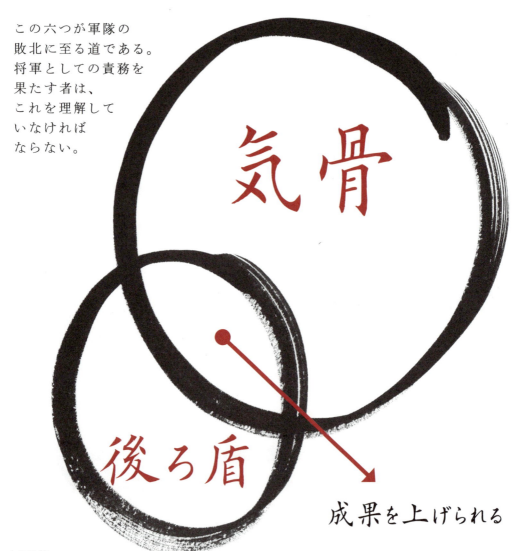

地形は最大の味方である。
敵情を把握して勝つうえで、戦場との距離や環境の有利不利を
評価することは指揮官に必要な能力である。

それを応用して戦いに活かせる者が必ず勝利する。

それを知らずに戦う者は、必ず敗れる。

必勝の状況であれば、
たとえ君主に禁じられていたとしても戦いを仕掛けるべきである。
必敗の状況であれば、
たとえ君主に命じられたとしても戦いを避けるべきである。

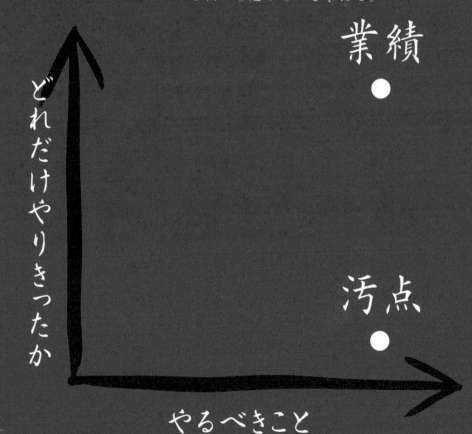

進撃するときに個人の名誉を追求せず、
撤退するときにも処罰や恥を恐れず、
ただ国と君主の利益のために
行動できる者は、
その国の宝である。

感情ではなく
事実

個ではなく
全体

流言ではなく
真実

リーダーシップの論理

作戦計画を視覚化する

部下を自分の赤子のように大事にする指揮官には、
兵士が深い谷底までもついていく。
部下を自分の最愛の子供のように大事にする指揮官ならば、
兵士は死地へもついていくだろう。

しかし、もしも部下を可愛がりすぎて使うことができなかったり、
大事にするだけで命令を実行させられなかったり、
勝手にさせすぎて掌握できなくなったのならば、
甘やかされた駄々っ子のように使い物にならなくなるだろう。

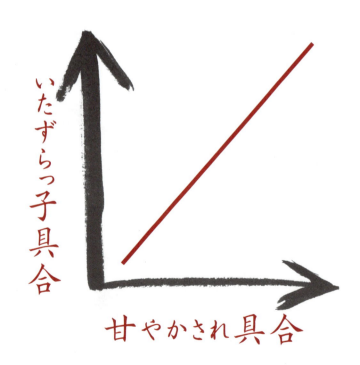

もし指揮官が自軍の能力だけを知り、敵の能力を把握していなければ、
完全には勝つことができない。

敵が弱点をさらけ出していると知っていたとしても、
自軍の能力を把握していなければ、やはり完全には勝つことができない。

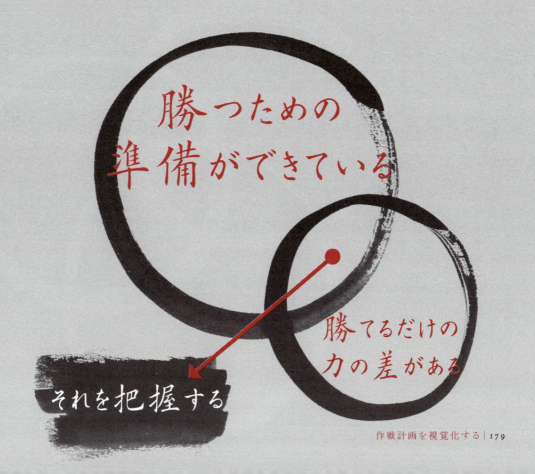

敵が倒せる状態であり、かつ自軍にそれを攻撃する力があると知っていたとしても、勝てる地形かどうかを判断できなければ、これも完全には勝つことができない。

経験豊富な将軍は一度動き出したら迷わず、
戦い始めてから困惑することもない。

彼を知り、己を知れば、危なげなく勝つことができる。
さらに天の時、地の利を知れば、
勝利を完全なものにすることができるだろう。

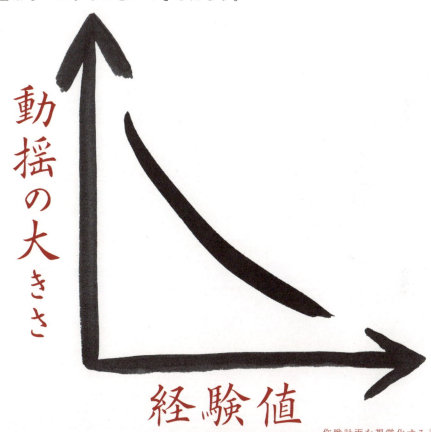

11

九地 篇

結果を視覚化する
Visualize Your Outcomes

孫武先生は言った。

軍隊を運用するうえでは、地形の特性は九種類ある。すなわち、

一．兵士が逃亡しやすい「散地」

二．兵士が帰郷の念に駆られやすい「軽地」

三．戦いの鍵となる「争地」

四．交通の要所「交地」

五．諸国の勢力が交錯する「衢地」

六．軍事行動の困難な「重地」

七．移動の困難な「圮地」

八．包囲されやすい「囲地」

九．戦う以外に活路のない「死地」

である。

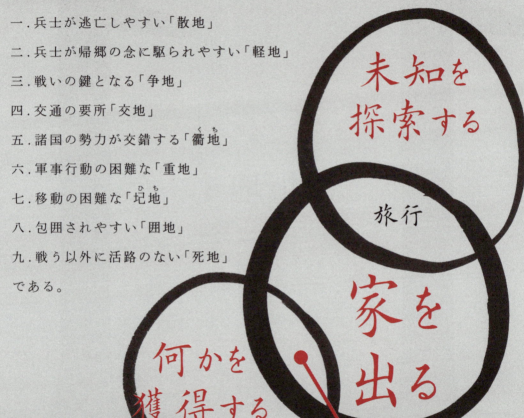

自軍の領地で戦っているとき、
その場は「散地」となる。

敵の領土へ進軍したばかりのとき、
その場は「軽地」となる。

どちらが占領しても、
占領した側にとって有利になる
地形は「争地」となる。

居住をめぐる高い競争率

どちらにとっても通行に便利な場は「交地」となる。

諸国と国境が接しており、早期に支配することで天下の掌握に近づくことができる要地が「衢地」である。

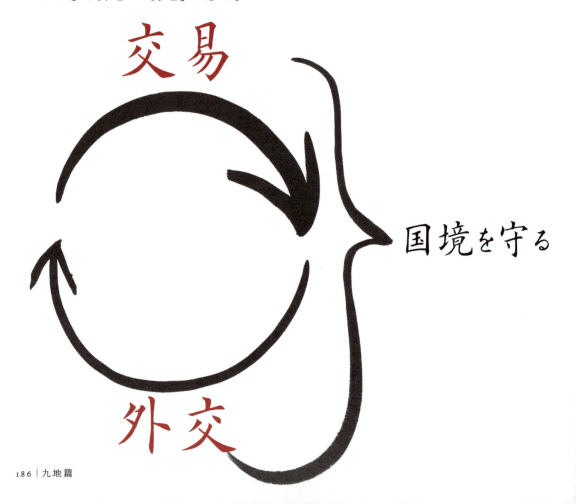

敵の勢力圏に深く切り込んだ後、
敵の城塞都市などの拠点を背にした状態となる場所を「重地」という。

山林や起伏の多い地形、湿地、沼地など通行の困難な地形を「圮地」という。

狭い道を通って侵入せねばならず、脱出するにも大きく迂回しなければならないような場所は、少数の敵がこちらの大軍を攻撃することが可能になる、「囲地」である。

必死で戦ってようやく活路の開ける地形が「死地」である。

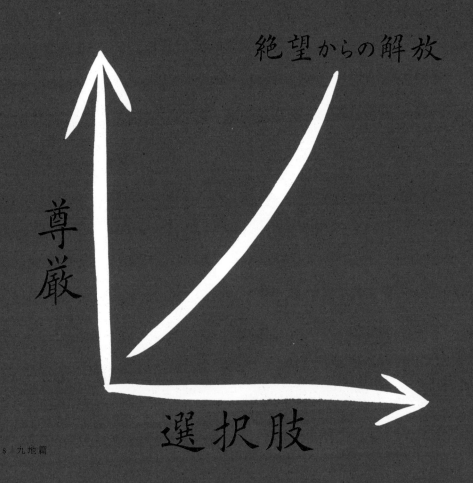

「散地」で戦ってはならない。

「軽地」に長く留まってはならない。

「争地」では守っている敵を攻めてはならない。

「交地」では自軍が分断されないようにしなければならない。

「衢地」では仲間と手を結ぶべきである。

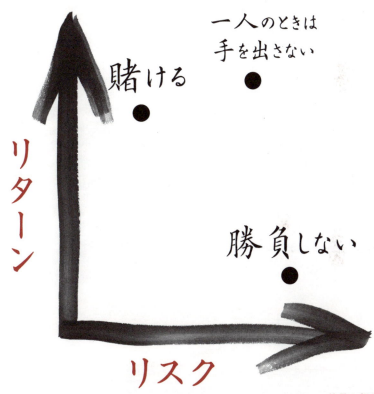

「重地」では略奪せよ。

「圮地」は素早く通り過ぎよ。

「囲地」では策を仕掛けよ。

「死地」では敢闘せよ。

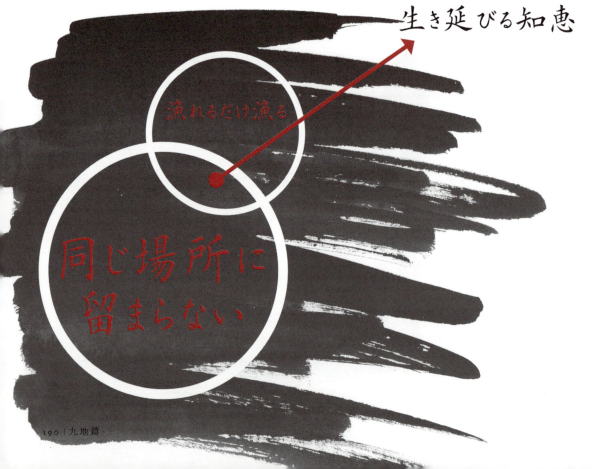

古来、名将と呼ばれた者は敵の前衛と後衛、大部隊と小部隊、精鋭と弱兵、上官と部下の連携を断つことに習熟していた。

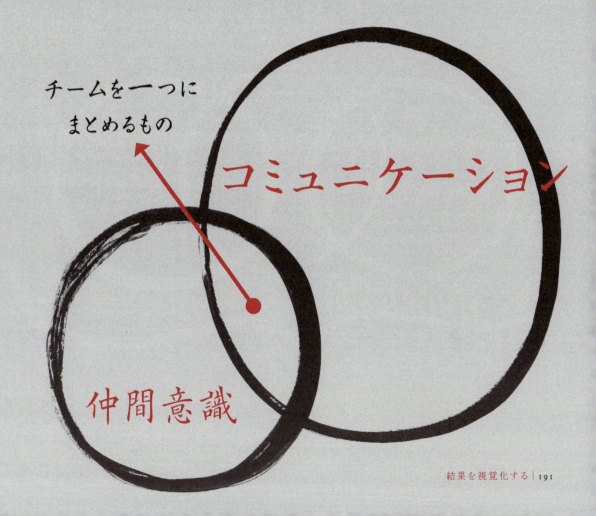

敵が分散しているなら合流を妨害し、集中しているなら混乱させ、有利な状況では動き、そうでなければ動きを止めた。

孫武先生は敵の大軍が整然と侵攻してきたとき、
どうすればいいかと聞かれて、こう答えた。

敵が執着しているものを奪えば、敵を意のままに動かせるでしょう、と。

戦いには迅速さが不可欠である。

敵の不備を突き、予想外の道を通り、警戒していない場所を攻めるべきだ。

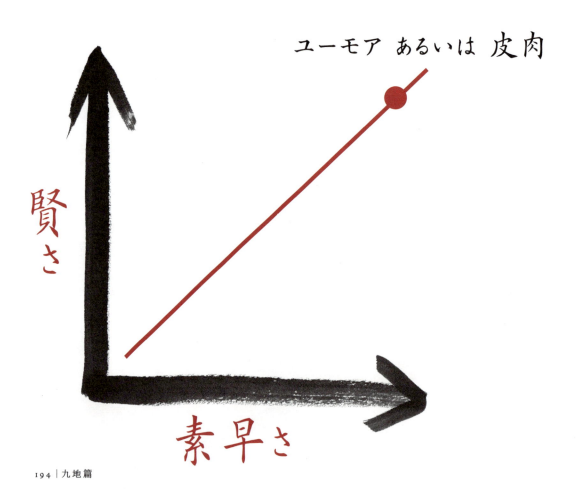

そもそも侵攻戦には原則がある。

敵地に深入りすればするほど、自軍の結束は強くなり、敵は守りきることができなくなる。

肥沃な地域を攻撃し、自軍の食料を補給せよ。

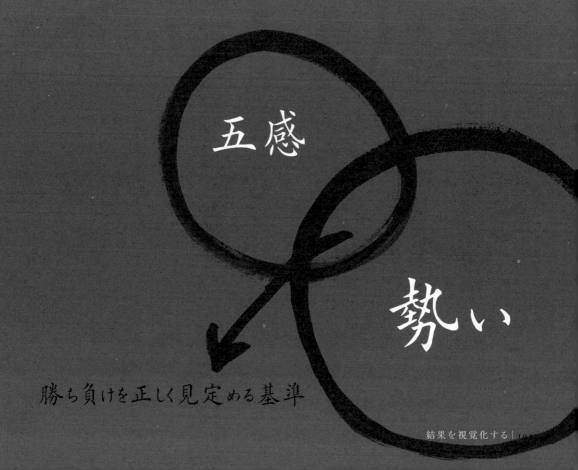

五感

勢い

勝ち負けを正しく見定める基準

兵士の健康と食料補給には気を配り、疲労させすぎてはならない。

気力を高めさせ、兵力を温存せよ。

作戦や行動は誰にも悟られないようにせよ。

兵士を逃げ場のない場所へ投入すれば、
兵士は死にそうになっても逃げなくなる。
死を覚悟した兵士に達成できないことはない。

将兵は協力し、力を出し尽くすだろう。

追い込まれた兵士は、恐れを知らなくなる。

逃げる場所がなければ、その場に固く踏みとどまる。

敵地の奥深くにいるのなら、手を取り合って戦う。

他に生きる道がなければ、必死で敢闘する。

つまり、敵地の奥深くに攻め入った軍隊は、激励されなくても士気が高まり、指示されなくても進んで行動し、誓約をさせなくても誠実になり、命令しなくても信用できる。

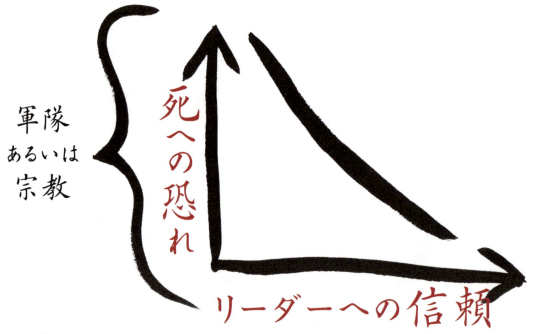

迷信の類は禁じ、兵の迷いを取り去れ。
そうすれば死が迫っても迷うことはなくなるだろう。

兵士が余計な金を持たなくなるのは
金を軽蔑しているからではなく、
長生きにもこだわらないのは
早死にしたいからではない。

そうした兵士に出陣の命令が下った日には、座っている者は襟を濡らし、横たわっている者は頬を濡らすだろう。

それを死地に投じれば、
専諸（せんしょ）や曹劌（そうかい）といった伝説の勇士さながらの奮戦をするであろう。

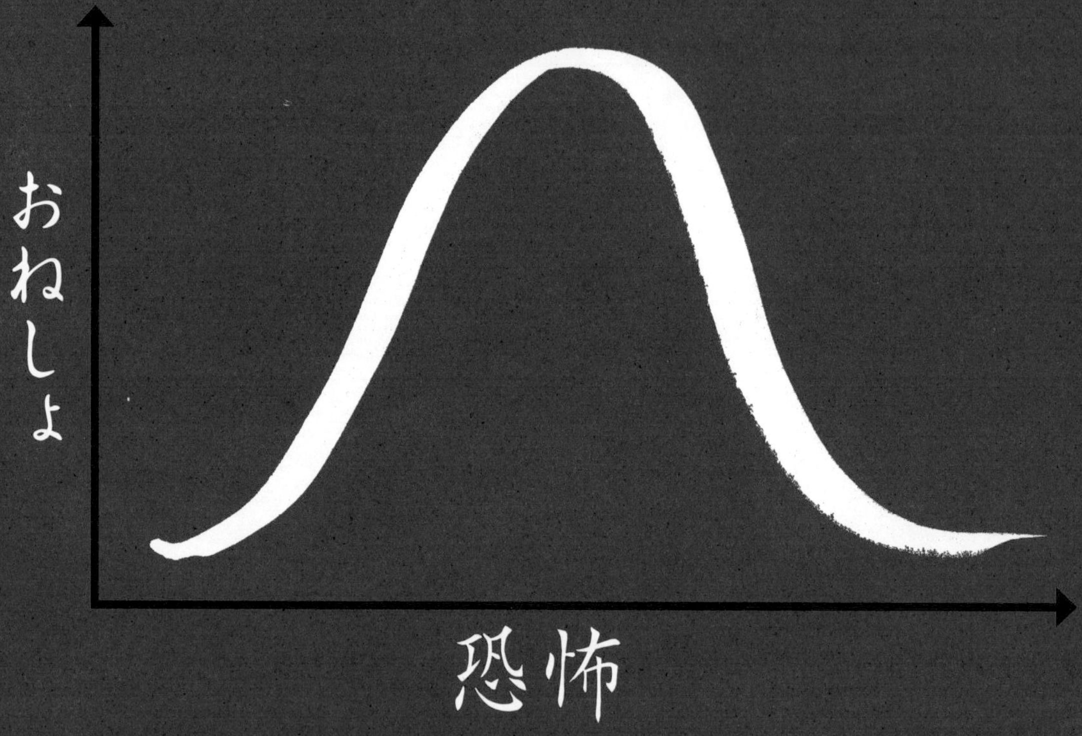

おねしょ

恐怖

兵士の運用が巧みな者は、例えるなら率然のようなものである。

率然とは、常山に住むという大蛇のことである。

この大蛇の頭を狙えば尾に反撃され、尾を狙えば頭に反撃される。
腹を狙えば頭と尾の両方から反撃される。

さて、孫武先生は軍隊をこの大蛇のように動かすことはできる
ものだろうか、と聞かれ、できる、と答えた。

それはたとえ呉と越のように仲の悪い国の人同士でも、嵐に遭った船に
居合わせれば、左右の手のように助け合うものだからである、と。

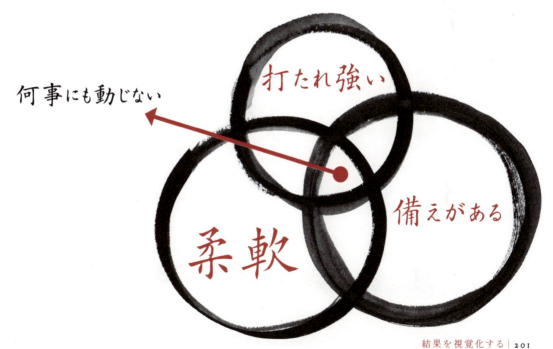

馬に足かせをはめ、戦車を並べて固定するというような方法で守りを固めても、頼るには値しない。

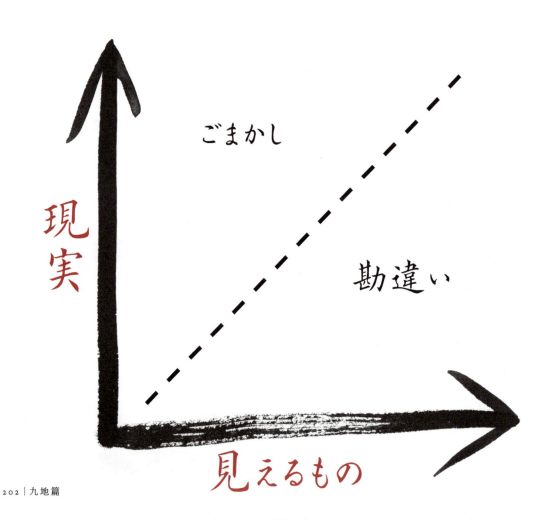

なぜなら、軍隊にとって要となるのは全ての兵士の勇気を一定以上に保つことだからである。

そのうえで柔の力と剛の力を両方とも存分に発揮させるため、地形を正しく利用する。

軍の運用に長けた者が、あたかもたった一人の兵士と手を携えるように軍隊を動かすことができるのは、戦う他に道がない状況を作るからである。

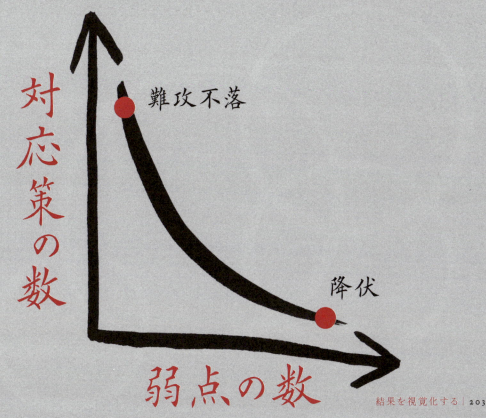

将軍たる者は冷静沈着で思慮深く、
公正で理路整然としているものでなければならない。
自分の部下の耳や目さえも騙し、
作戦が知られることのないようにしなければならない。

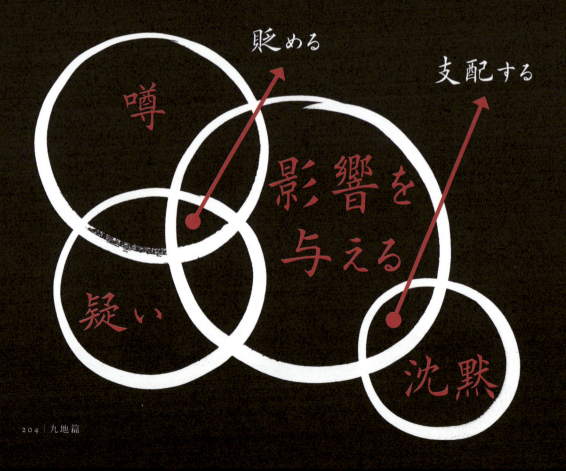

戦法を常に変え、
計画も変化を取り入れ、
敵が何も分からないようにせよ。

陣地を常に移動させ、
わざと迂回路を通り、
目標を予測されないようにせよ。

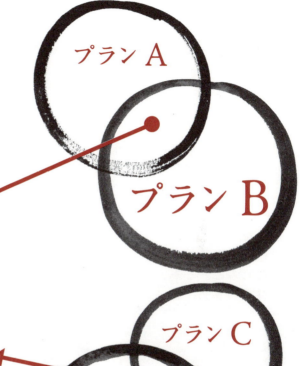

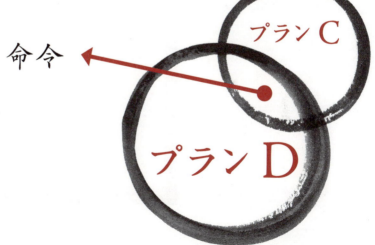

軍を率いる者はいざ戦いに臨むとき、例えば高いところに上った後、梯子を蹴落とすかのように逃げ道を断たねばならない。

作戦を部下にも知らせることなく、敵地の奥深くへと自軍の兵士を駆りたてねばならない。

自軍の船を焼き、炊事用の釜を壊し、必死となった兵士を羊のように追いたてれば、敵も味方も自軍がどこへ向かおうとしているのか察知できないだろう。

軍を一つにまとめて危険な場所に投じることこそ、将軍の務めである。

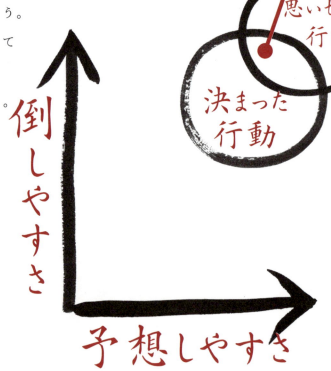

九種類の土地の変化への対応、攻撃と防御の戦術の使い分け、
そして人間心理の道理を理解せずにいてはならない。

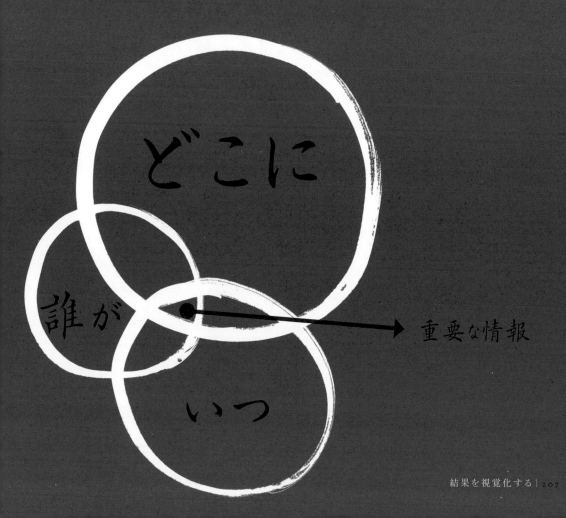

敵国に侵攻する際は、
敵地に深く切り込むほど
部隊は団結し、
浅いほど散逸してしまう
という基本原則に
留意しておくことである。

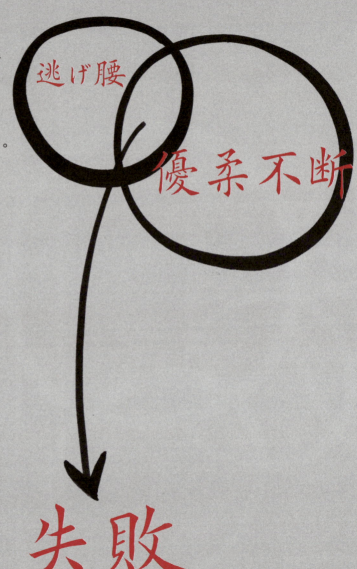

国を出た軍がいるところは隔絶された土地となる。
四方に道が伸びているなら「衢地」である。
敵国に深く進攻すれば、「重地」である。
敵国へ浅く進攻すれば、「軽地」である。

背後に敵の拠点があり、正面が狭い道である場所は「囲地」である。

逃げ場のない場所は、「死地」である。

「散地」では兵士の志を一つにするよう心掛けるべきである。

「軽地」では全ての部隊と連絡を密にし、
「争地」では兵士を後ろから急かすべきである。

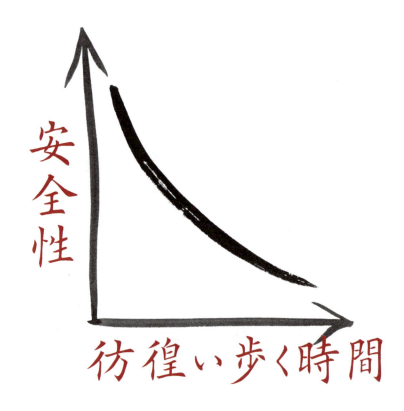

「交地」では慎重に守りを固めるべきである。
「衢地」では同盟関係を強固にするべきである。

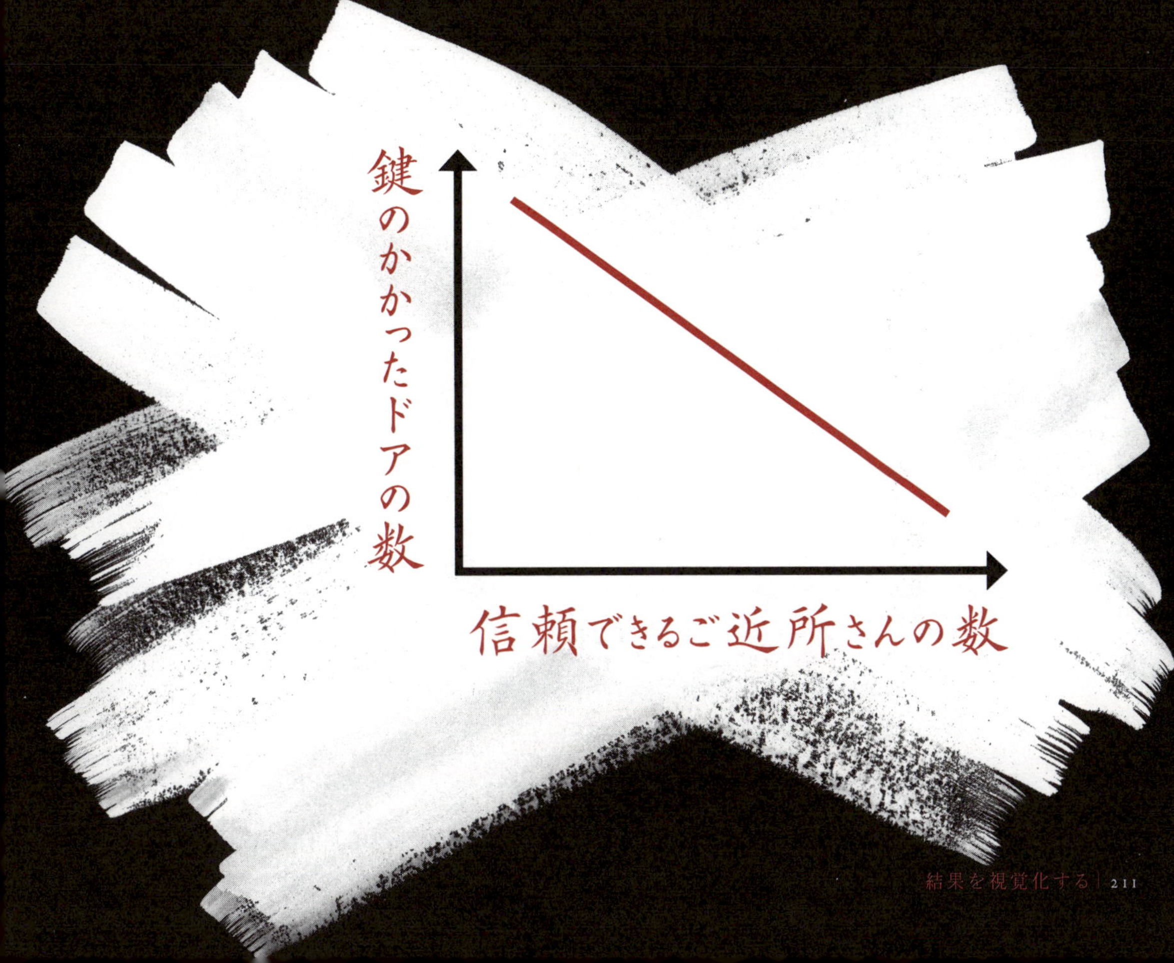

鍵のかかったドアの数

信頼できるご近所さんの数

「重地」では食料補給を確実に行うべきである。
「圮地」では休まず行軍するべきである。

過不足ない荷物と
満タンのガソリン

「囲地」では敵がわざと自軍に
逃げ道を空けているなら、塞いでしまえ。

「死地」では兵士たちに
決死の覚悟で戦うよう
示すべきである。

兵士の心情というものは、
敵に包囲されればおのずと
守りを固め、
戦わざるを得ない状況
であれば必死で戦い、
差し迫った事態があれば
命令に従うものである。

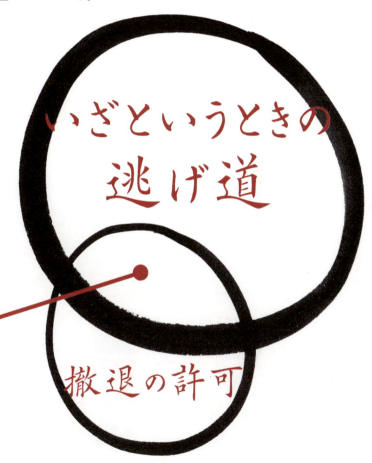

近隣の諸侯が何を考えているか分からなければ、
同盟を結ぶこともできない。

山林や険しい土地、沼や沢の位置が分からなければ、
部隊を行軍させることもできない。

その土地に詳しい者を使わなければ、
地の利を得ることはできない。

卑劣な連中

外来生物
あるいは
よそから来て
立候補する
政治家

新天地の支配を目論む

この三つのうち一つでも理解していないことがある将軍は、
覇者となるべき王の軍を指揮するにふさわしくない。

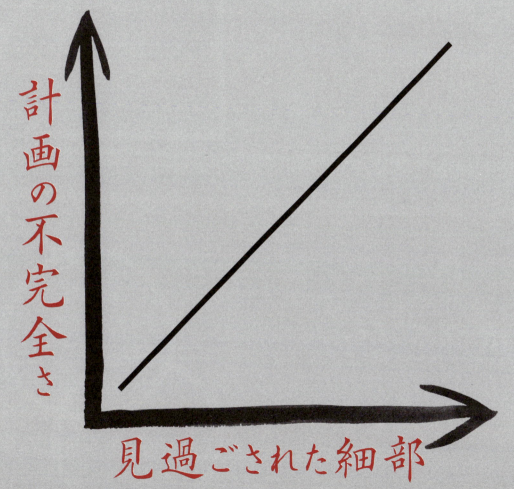

さて、覇王の軍が大国と
戦おうとするならば、
まず敵が戦力を
集中できない態勢を作り上げる。

次に敵を威圧し、
同盟国が支援できないようにする。

誰とでも同盟を結ぼうとする
ようなことはせず、
他国に依存してその権威を
増強させることもしない。

自国の力の増強に努め、
その威力が敵を脅かす。

その結果、敵の城は落ち、
国は敗れるのである。

軍を動かすには命令だけを
伝えるべきであり、
その理由まで伝える
べきではない。

勝利のもたらす
利益だけを伝え、
危険については
伝えてはならない。

軍隊は危険な地に投入してこそ生き残り、
死地に追い込まれてこそ生還する。
危機に陥ったときには決死の努力で勝利をつかもうとするものだからだ。

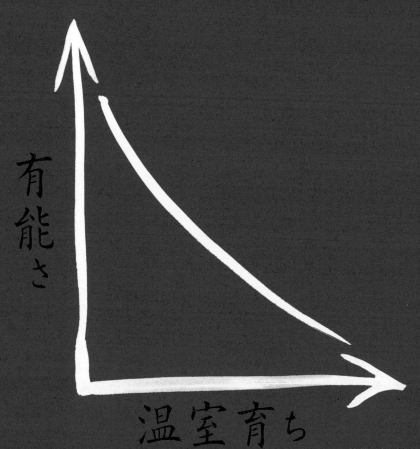

戦争に勝利する鍵は、敵の意図を詳しく察知することにある。

敵の行動に従うふりをして誘導すれば、
たとえ千里離れたところにいる敵将でも殺すことができる。

それができる人物こそ、巧みに目的を達成できる能力の持ち主である。

開戦の決断をした日には、関所を閉鎖し、通行証を折り、敵国の使者は通すな。

首脳を集め、綿密に作戦を立てよ。

敵に隙があれば、
速やかに利用しなければならない。

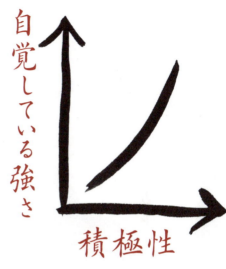

敵にとって最も重要な場所を素早く抑えるべく、
秘密裏に計画を進めるべきである。

基本的な計画に従いながら戦いを進め、
敵に応じて作戦を変え、決戦の時を待て。

そのために、初めは処女のように
慎重であれ。
敵が隙を見せたなら、
脱兎のごとく素早く動け。
そうすれば、敵は抵抗することも
できないであろう。

ルールに従う

ただし、
行動を起こすまで

大人しくする

火攻 篇

火のつけどころを視覚化する
Visualize Your Flashpoints

孫武先生は言った。

火攻めには五通りある。

第一は兵士を焼くこと、第二は兵糧を焼くこと、第三は輸送物資を焼くこと、第四は武器庫を焼くこと、第五は陣地を焼くことである。

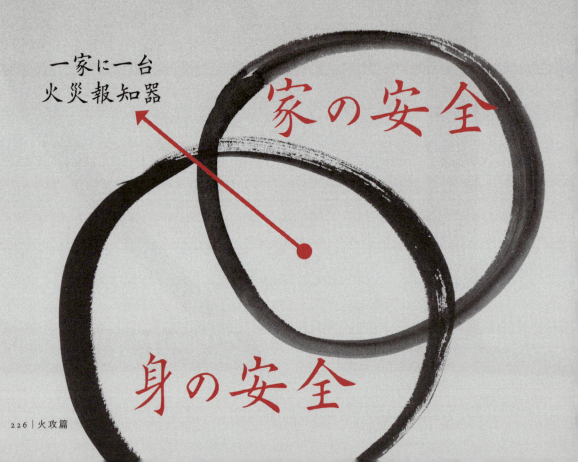

火攻めを行うには条件がある。

火攻めの道具は常時使える状態にしておかねばならない。

適切な季節や日時も選ぶべきである。

火攻めに適した時期とは乾燥しているときであり、月が東北東、北北西、南南東、南東の方角にある日が適した日である。

月がその方向に位置するときに風が吹くからである。

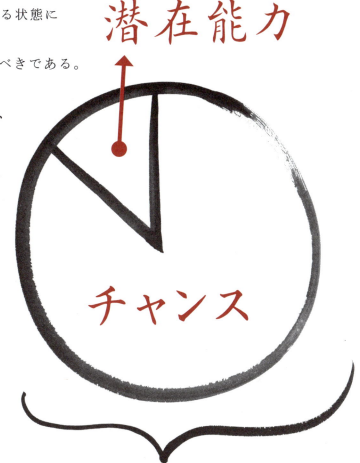

火攻めの展開は五通りに変化する。
それに応じて行動するべきである。

一．敵陣の内側に火をつけた
　　ときは、素早く呼応して
　　外側からも攻めるべきである。

二．出火しても敵陣に
　　動きがない場合は、
　　攻めずに様子を
　　見るべきである。

三．いよいよ火の勢いが
　　増したときを見計らって
　　攻めるべきであり、
　　それ以外のときに
　　攻めてはならない。

四．外から火をつけることが
　　できる場合は、
　　潜入工作に頼らなくてよい。
　　時を見計らって実行せよ。

五．風上に火をつけたのなら、
　　風下から攻撃してはならない。

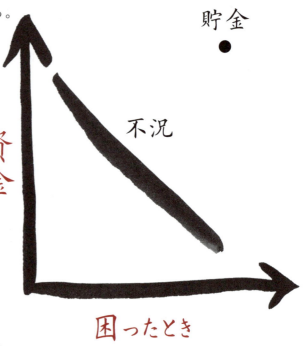

また、昼間に風が長時間吹くときは、夜には止んでしまう。

土日祝日

金曜の夜

悪い知らせが
くる時間

軍隊はこうした火攻めの展開を理解し、星の動きを読み、
適切な日時を見計らわなければならない。

火攻めには明晰な判断力が必要となる一方、
水攻めには長期戦での強靭さが必要となる。

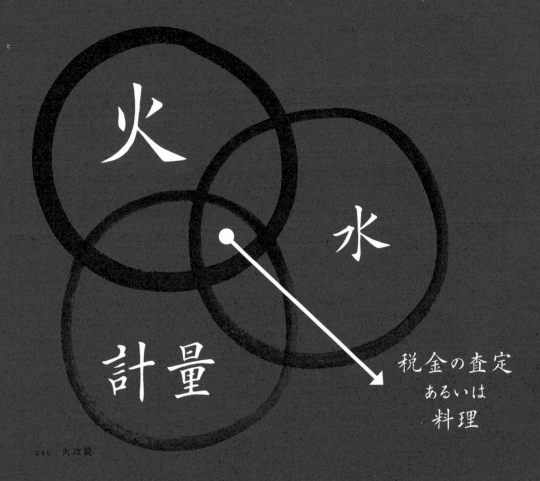

水攻めは敵の行動を押しとどめることはできるが、
武器や食料を奪うことはできないからだ。

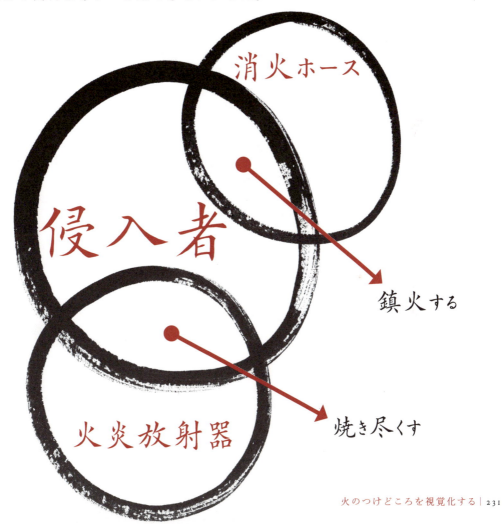

敵に攻め勝ち目標を占領できたとしても、
そこから利益を上げられなければ悪いことである。
それはすなわち時間や労力の無駄だからだ。

だからこそ、賢明な君主は無駄がない
よう侵攻計画を定め、
良い将軍は占領地を
確実に支配できるようにする。

有利でないなら動いてはならず、
得るものがなければ軍を動員してはならず、
危急存亡の秋(とき)でなければ戦ってはならない。

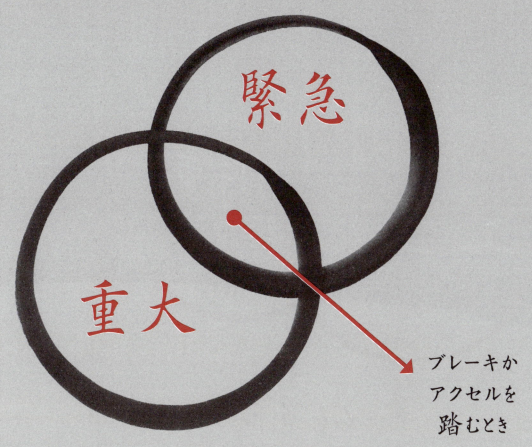

君主は激情に任せて戦争を起こしてはならず、
将軍は私憤に駆られて戦闘してはならない。

利益があれば動き、そうでなければ動いてはならない。

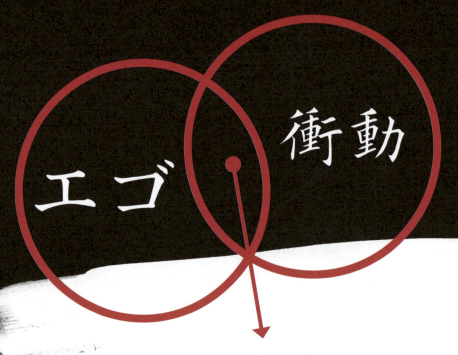

怒りの感情はやがて喜びに変わるかもしれない。
不満が満足に変わることはあるかもしれない。

しかし、滅んだ国が再興することはなく、死者が蘇ることもない。

だからこそ賢明な君主は慎重を期し、
良い将軍は軽々しく動かないのである。

それが国家を安泰にし、軍を損なわないために重要なことである。

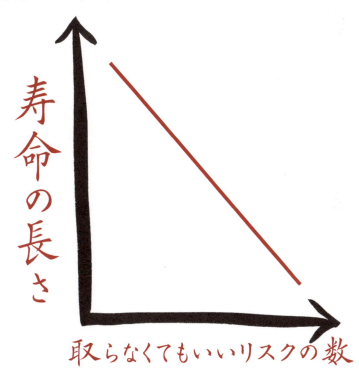

孫武先生は言った。

そもそも十万人の兵士を動員して千里の彼方へ出征させれば、国民も国家も多大な財政負担を強いられる。

その額は一日で千金にものぼるだろう。

国内にも国外にも情勢不安が起こり、輸送に使役される人々は疲弊する。

七十万戸もの家庭の生活に支障が起こるであろう。

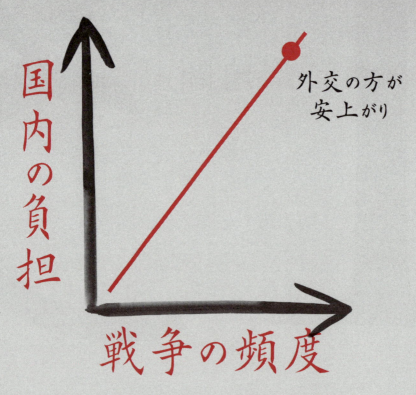

たった一日の勝利のために、敵と長年にわたってにらみ合い、
多大な浪費をする。

その一方で数百の金と地位や名誉を出し惜しみし、敵の情報を知らないで
いる。そんな指導者は、この上なく人間性に欠けている。

将軍でいる資格はなく、国家を補佐する能力もなく、
勝利をつかむこともないであろう。

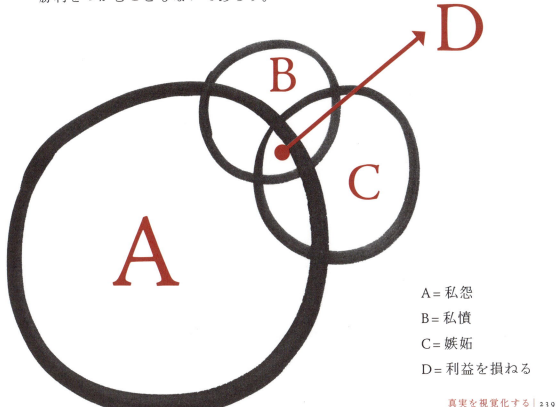

A = 私怨
B = 私憤
C = 嫉妬
D = 利益を損ねる

明敏な君主や賢明な将軍が戦えば必ず勝利を収め、人並み以上の成果を上げられるのは、事前に敵情を知っているからである。

敵情は霊や神のお告げ、占いや過去の経験、
類推といったものから知ろうとしてはならない。

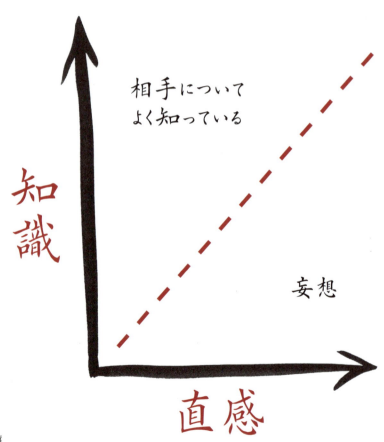

敵の情報は人から直接収集する以外にないのである。

間者、つまりスパイには五種類ある。すなわち、

　一. 現地の人々（因間）

　二. 敵の官吏や軍人（内間）

　三. 二重スパイ（反間）

　四. 敵国へ潜入し、情報操作を行うスパイ（死間）

　五. 敵国と自国を往来し、情報を持ち帰るスパイ（生間）

である。

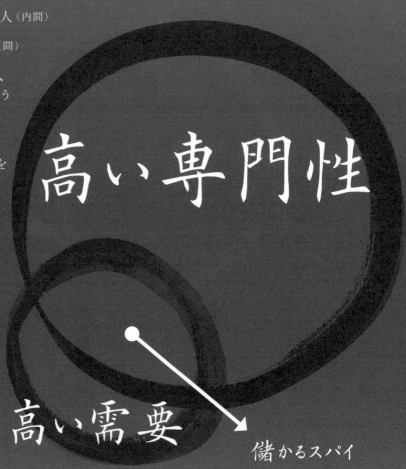

この五種類のスパイを一斉に動かし、誰にもそのことを知られない。
それが「神紀」と呼ばれる神業的才能である。
スパイは国家の宝でもある。

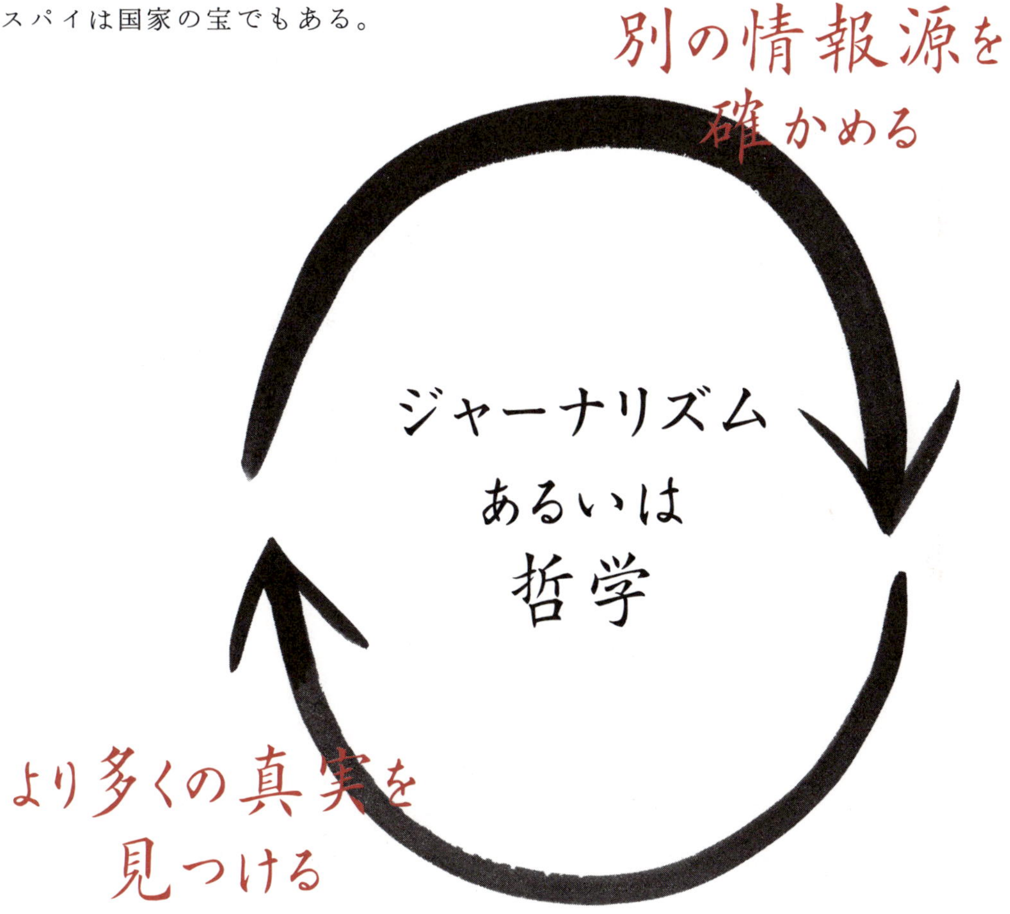

別の情報源を確かめる

ジャーナリズム
あるいは
哲学

より多くの真実を見つける

「因間」とは情報収集する現地の住人を雇ったものである。

「内間」とは敵国の将校や官吏を利用するものである。

「反間」とは敵国のスパイを自国のために利用するものである。

内部の人間

情報

マーケットや競合他社を出し抜く方法

「死間」は嘘や欺瞞で敵に偽の情報をつかませる、自国に潜入した敵のスパイをあぶりだすなどの工作活動を行うスパイである。

「生間」は情報を敵国から持ち帰ってくるスパイのことである。

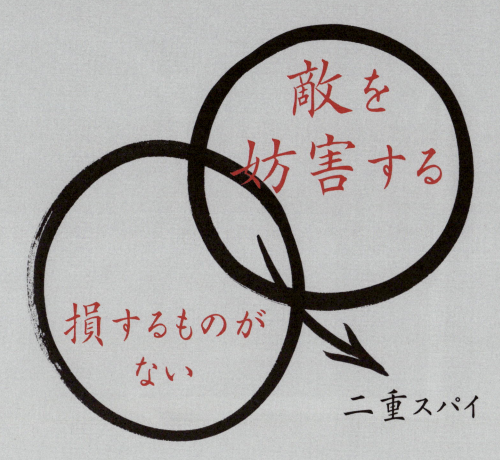

全軍の中でもスパイほど君主や将軍の近くに置かれるべき者はない。

彼ら以上の報酬を受け取るべき者もいない。

彼ら以上に機密保持を必要とする者もいない。

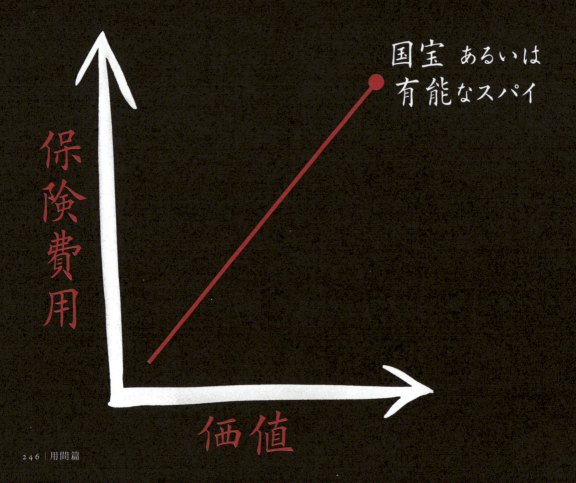

洞察力と思慮深さがなければスパイを利用することはできない。

慈悲と正義がなければスパイを使うことはできない。

心の機微を読み取れなければ、
スパイの報告から真実を読み取ることはできない。

諜報活動とは絶妙に捉えがたいものである。

スパイが利用されていないところはない。

もし諜報活動の秘密が事前に漏れたなら、
諜報員自身とその秘密を聞いた者をみな処刑しなければならない。

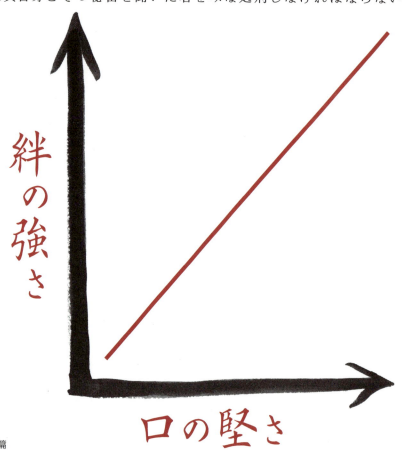

敵軍と戦うにせよ、城塞都市を攻めるにせよ、個人を暗殺するにせよ、まずは必ずその陣営の司令官と参謀、幹部、門番、衛兵の名前を知るところから始めなければならない。

スパイにそれらの情報を集めさせる必要がある。

問題

石をひっくり返す

ミミズ あるいは
見過ごされてきた
可能性

自国の情報を探りにやってきたスパイをつきとめて買収し、厚遇せよ。
そうすれば彼らを「反間」、すなわち二重スパイとして利用できる。

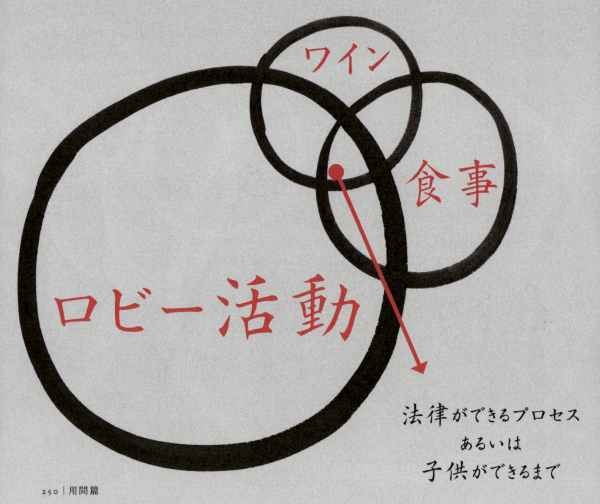

「反間」を通じて情報を得ることで、
敵側の住人や幹部を内通者として獲得することができる。

同様に、「死間」を送り込み、偽の情報を流すこともできるようになる。

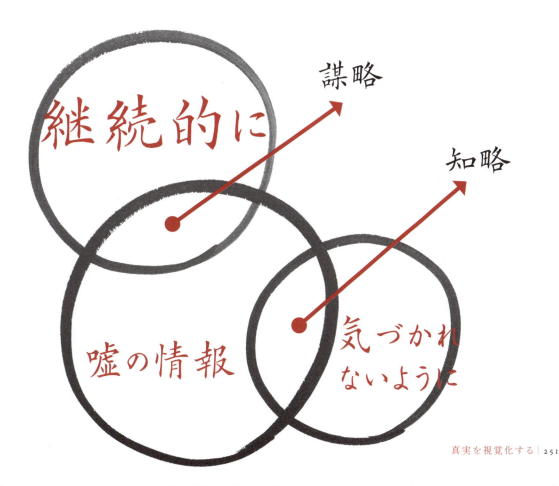

真実を視覚化する

「生間」の使い時を決められるのも、やはり「反間」の情報があるからだ。

君主はこうした五つの諜報活動を把握していなければならないが、その起点となるのは、どれも「反間」のもたらす情報である。

したがって、「反間」に良い待遇を与えることは必要不可欠なのである。

昔、殷王朝が勃興したのはかつて夏に仕えていた伊摯の活躍があったからである。

周王朝が発展したのも殷に仕えていた呂牙の助けがあったからであった。

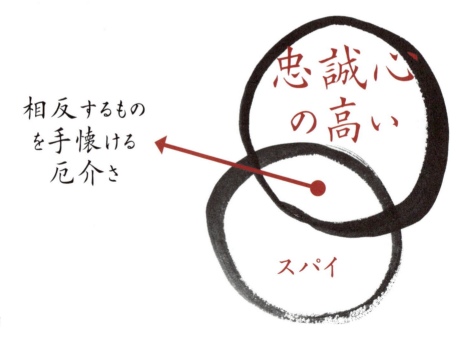

相反するものを手懐ける厄介さ

忠誠心の高い

スパイ

つまり、最高の知性を有する人材を諜報員として使いこなせる名君や賢将だけが大きな功績を上げることができるのである。

戦争においてスパイは必要不可欠であり、
彼らの情報によって軍隊が作戦行動を進めることができるのである。

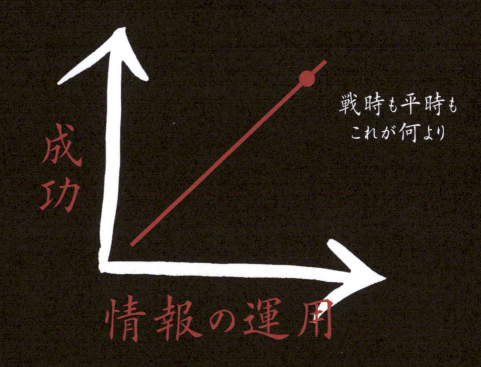

終
THE END

本書は多くのビジュアル・シンカーとイラストレーターから
信頼、支援、創造力をお借りして実現したものである。

世界をよりよいものにしていこうとする方々に改めて感謝を申し上げる。

ひと目で分かる 孫子の兵法

発行日 2017年3月25日　第1刷

Author	ジェシカ・ヘギー
Translator	福田篤人（翻訳協力：株式会社トランネット）
Book Designer	三木俊一＋守屋　圭（文京図案室）
Publication	株式会社ディスカヴァー・トゥエンティワン 〒102-0093　東京都千代田区平河町2-16-1　平河町森タワー11F TEL 03-3237-8321（代表）　FAX 03-3237-8323 http://www.d21.co.jp
Publisher	干場弓子
Editor	堀部直人
Marketing Group Staff	小田孝文　井筒　浩　千葉潤子　飯田智樹　佐藤昌幸　谷口奈緒美　西川なつか 古矢　薫　原　大士　蛯原　昇　安永智洋　鍋田匠伴　榊原　僚　佐竹祐哉　廣内悠理 梅本翔太　奥田千晶　田中姫菜　橋本莉奈　川島　理　渡辺基志　庄司知世　谷中　卓
Productive Group Staff	藤田浩芳　千葉正幸　原　典宏　林　秀樹　三谷祐一　石橋和佳　大山聡子　大竹朝子 井上慎平　林　拓馬　塔下太朗　松石　悠　木下智尋
E-Business Group Staff	松原史与志　中澤泰宏　中村郁子　伊東佑真　牧野　類　伊藤光太郎
Global & Public Relations Group Staff	郭　迪　田中亜紀　杉田彰子　倉田　華　鄧　佩妍　李　瑋玲　イエン・サムハマ
Operations & Accounting Group Staff	山中麻吏　吉澤道子　小関勝則　池田　望　福永友紀
Assistant Staff	俵　敬子　町田加奈子　丸山香織　小林里美　井澤徳子　藤井多穂子　藤井かおり　葛目美枝子 伊藤　香　常徳すみ　鈴木洋子　住田智佳子　内山典子　谷岡美代子　石橋佐知子　伊藤由美
Proofreader	文字工房燦光
Printing	共同印刷株式会社

・定価はカバーに表示してあります。本書の無断転載・複写は、著作権法上での例外を除き禁じられています。
　インターネット、モバイル等の電子メディアにおける無断転載ならびに第三者によるスキャンやデジタル化もこれに準じます。
・乱丁・落丁本はお取り替えいたしますので、小社"不良品交換係"まで着払いにてお送りください。

ISBN978-4-7993-1759-4　　©Discover21, Inc., 2017, Printed in Japan.